墨香财经学术文库

数字经济背景下的税收征管问题研究

Research on Tax Administration Issues under the Backdrop of the Digital Economy

李静怡 著

东北财经大学出版社
Dongbei University of Finance & Economics Press
大连

图书在版编目（CIP）数据

数字经济背景下的税收征管问题研究 / 李静怡著. —大连 : 东北财经大学出版社，2025.5. —（墨香财经学术文库）. —ISBN 978-7-5654-5673-2

Ⅰ. F812.423

中国国家版本馆CIP数据核字第2025WV6222号

数字经济背景下的税收征管问题研究

SHUZI JINGJI BEIJING XIA DE SHUISHOU ZHENGGUAN WENTI YANJIU

东北财经大学出版社出版发行

大连市黑石礁尖山街217号　邮政编码　116025

网　　址：http://www.dufep.cn

读者信箱：dufep@dufe.edu.cn

大连图腾彩色印刷有限公司印刷

幅面尺寸：170mm×240mm　字数：185千字　印张：15.5　插页：1

2025年5月第1版　　2025年5月第1次印刷

责任编辑：时　博　赵　楠　惠恩乐　　责任校对：刘贤恩

封面设计：原　皓　　版式设计：原　皓

书号：ISBN 978-7-5654-5673-2　　定价：82.00元

教学支持　售后服务　联系电话：（0411）84710309

如有印装质量问题，请联系营销部：（0411）84710711

本书获得辽宁省教育厅基本科研业务费资助

前　言

随着数字经济的蓬勃发展，数据要素与传统产业的深度融合重构了全球经济运行模式，跨境电商、平台经济、虚拟资产等新兴业态在释放增长动能的同时，也对传统税收征管体系提出了严峻挑战。一方面，数字经济打破了“物理存在”与“价值创造地”的空间绑定，跨境交易隐蔽性增强，用户数据参与价值创造的地位凸显，但现有税收规则尚未明确数据要素的税权归属；另一方面，算法的复杂性、交易的实时性与支付渠道的碎片化，使得税务机关面临数据抓取滞后、税基流动性加剧等问题。据经济合作与发展组织（OECD）不完全统计，全球每年因跨国企业国际避税导致的企业所得税流失额为1 000亿～2 400亿美元，占到全球企业所得税总额的4%～10%。中国作为全球数字经济发展的重要引擎，既需响应国际组织有关数字经济时代税基侵蚀和利润转移的倡议，更需立足本土实践构建适配性更强的税收征管体系。本书以金税工程的制度演进与技术变革为主线，系统剖析了数字经济对我国增值税、企业所得税及个人所得税征管的多维冲击，结合国际经验与本土案例，探索“规则优化—技术赋能—治理协同”的综合性解决方案。

从国际经验与本土实践看，数字经济对税收征管的挑战集中体现为三大税种的制度性适配困境。在增值税领域，传统“消费地原则”因B2C数字服务交易地模糊而难以落实，跨国平台通过拆分服务器、虚构合同主体等方式规避纳税义务，中小跨境电商的税收遵从成本长期居高不下；企业所得税层面，“避税天堂”与无形资产跨境转移的交织导致利润分配失衡，科技巨头通过在低税地区设立知识产权控股公司，将全球利润转移至低税辖区，而现行转让定价规则对用户数据贡献的价值分割缺乏量化依据；个人所得税则面临收入性质界定模糊的难题，直播打赏、虚拟资产交易等新型所得游离于综合所得分类框架之外，税务部门对零工经济从业者的收入监控存在技术性盲区。对此，国际社会已启动“双支柱”改革框架，通过用户参与度、市场贡献度等指标重新分配跨境利润（支柱一），并设定15%的全球最低税率以遏制税基侵蚀（支柱二）。我国金税工程四期通过区块链、大数据技术构建“以数控税”体系，初步实现发票电子化、风险智能预警等突破，但其对跨境数据流的实时追踪能力仍需增强。

针对上述问题，本书提出“税制优化—技术驱动—国际协同”三位一体的改革路径。在制度设计上，增值税应扩大数字服务征税范围，试点欧盟“一站式申报”（OSS）机制降低中小平台合规成本，并完善逆向征收规则以强化消费地管辖；企业所得税需引入“显著经济存在”（SEP）标准，将用户规模、本土服务器部署等指标纳入机构常设性判定，同时制定数据资产价值评估指引，完善利润分割法的适用条件；个人所得税可探索“双轨监控”模式，一方面通过数字身份认证将零工收入纳入综合申报系统，另一方面试点“数据贡献账户”，对用户流量、算法参与产生的隐性价值进行税收抵免返还。在技术赋能方面，需深化税收征管数字化应用，构建跨境交易区块链溯源平台，对接第三方支付机构及电商平台API接口，实现交易流、资金流、数字服务流的全链条监管。在国际协作方面，应在双支柱框架下争取发展中国家话语权，推动数据主权与税收主权的规则衔接，同时通过“税收协定+数据安全协议”模式避免重复征税与隐私泄露风险。

本书融合财政学、法学与数据科学的跨学科视野，系统解构数字经济时代税收征管的“制度—技术—行为”互动逻辑，既从理论上阐释技术赋能对税收公平与效率的协同提升效应，亦通过实证研究印证“精准监管—政策适配—创新激励”的良性循环。对政策制定者而言，需加快《中华人民共和国税收征收管理法》的修订工作，明确数据资产权属与征税标准，同时依托数字技术实现税务、海关、央行数据的合规共享；在国际谈判中应倡导“用户与市场双重贡献”的利润分配原则，强化对无形资产超额利润的税基保护。总体而言，数字经济背景下的税收治理需从“规则修补”转向“体系重构”，在创新激励与税基安全之间寻求动态平衡，这一探索将为全球税收治理贡献中国经验。

作　者

2025年3月

目 录

1

总论

1.1 引言

税收作为一种强制性政策手段，是国家层面的收入再分配，影响企业的现金流和日常经营状况。大数据、云计算等现代信息技术与税收征管体系的深度融合改变了我国的税收征管环境，这种融合不仅提高了税收征管的效率和准确性，更重要的是，它通过缓解征纳双方的信息不对称，能够增加企业信息透明度，促进市场公平竞争和健康发展。目前，推进税收征管数字化升级已成为提升国家治理能力现代化的重要手段之一。金税三期工程是我国在数字化征管领域的重要标志，其分区域分批上线的特征为研究数字化税收征管的微观治理效能提供了切入点和准自然实验场景，旨在应对日益庞杂的涉税信息挑战，实现“以票管税”向“以数治税”的技术转变，提高税务部门的执法效率，应对以数字经济为代表的微观经济变化，最终提升整个国民经济发展水平。

对企业经营者而言，盈利永远是第一要务，但必须要在法律框架下进行，这也是每一个企业经营者应该守住的底线。在实际经营中，企业可能会面临各种各样的问题，从而利用税收法律漏洞进行偷逃税。

对税务机关而言，税收征管并不是要把税务机关放在企业的对立面，而是承载着政府与企业沟通的重要责任。数字化征管可以利用大数据捕捉异常行为，排除风险，减少偷逃税行为，同时提升征税效率。因此，笔者在数字化背景下研究税收征管问题，期冀能发现现行税收征管政策的不足及其潜在的问题，从而建立良好的营商环境。

1.2 金税工程的制度背景与发展演进

为了规范企业的涉税行为，提高税务机关的征管效率，营造良好的税收环境，我国逐步建立起符合我国税收制度和经济发展需要的现代化税收征管体系。我国政府一直重视数字化技术在税收征管体系的应用，也陆续进行了一系列税收征管数字化尝试和实践。1994年，我国进行新一轮工商税制改革，确立了以增值税为主体的流转税制度。增值税易于公平税负、便于征收管理，但由于当时以手写发票为主，防伪技术落后，对增值税专用发票的监控管理成为税务机关面临的难题。大量虚开、伪造及代开发票现象层出不穷，导致国家税款严重流失，甚至干扰正常的经济活动。为解决新税收制度与旧征管手段间的矛盾，管理好增值税发票，打击企业偷逃增值税的行为，维护新税制的正常运行，国家决定引入信息化技术手段，加强对增值税的监管和税收管理系统的信息建设，金税工程应运而生，全力推动税收征管实现现代化改革。

金税工程是国家电子政务“十二金”工程之一，以计算机网络为依托，将先进技术与我国税收管理实际相结合开发而成的信息管理系统工程，旨在实现各地税务机关互联互通、与相关部门信息共享。对增值税专用发票和企业增值税纳税状况的监控，是税收征管信息化建设的“重头戏”。

金税工程历经三期建设，从1994年到2001年，先后经历了金税一期与二期建设阶段。金税一期于1994年启动，建立了增值税专用发票交叉稽核系统，主要通过企业提供专用发票、税务人员手工录入发票数据运行。由于开发系统的不完备，导致发票数据重复录入、人为错误率高、覆盖面窄等问题，稽查结果大打折扣，因此一期工程于

1996年停止运行。2001年金税二期开始运作，覆盖了增值税防伪税控系统，优化了对增值税专用发票的监控环节，强化税源监控，并依托更为完善的稽核系统、协查系统提升了对增值税发票的比对能力，很大程度上缓解了虚开、代开发票等问题。到2003年7月底，金税二期既定目标全部实现，在防范和打击利用增值税专用发票进行的违法犯罪中发挥了重要作用，保证了国家税款及时足额入库。但由于其只能收集和稽核专用发票，覆盖范围有限，无法充分覆盖可以抵扣增值税的发票，偷漏税行为仍时有发生。通过梳理发现，金税一期、二期工程的建设主要是针对增值税的征收管理，虽然基本堵塞了增值税专用发票管理中的漏洞，但仅处于计算机替代手工、单项应用的税收信息化发展阶段，数据的集成与整合应用不强，仍面临信息化程度低、税种单一等不足，无法满足税收征管现代化的现实需要。

为使税收信息化建设进入集成整合阶段，提升我国税收征管效率，金税工程进一步建设完善。2005年9月，国务院审议批准通过“金税三期”工程建设，2008年9月，国家发改委审批通过了金税三期第一阶段设计方案，标志着金税三期正式全面启动。从2013年金税三期在各省份试点运行到2016年在全国范围内全面上线，按照“一个平台、两级处理、三个覆盖、四个系统”的要求，我国的税收信息化建设从集成整合阶段向协同提升阶段迈进。与前两期工程相比，金税三期工程采用了大数据、云计算等先进技术手段，推进了税收征管的信息化、便捷化和高效化。金税三期实现了以下功能：构建统一的技术基础平台，动态监控企业的涉税数据，并在各部门、各涉税环节顺畅流转，便于税务机关跟踪记录纳税人交易行为，实现涉税数据的交叉审核和流程监控；具有强大的数据分析能力，通过模型计算不同行业、企业的涉税指标，结合企业实际纳税与经营情况，确保企业申报信息的准确性；不再局限于增值税管理，系统覆盖企业所涉及的其他税种，为其他税种的征收管理提供便利条件；改变了税收征管方式，实现从“以票管税”到“以数治税”的转变，税务稽查方式由重点群体监控转向全样本监控，构建了新型税收监管体系；涵盖税务管理工作的诸多重要环节，并逐步实现税务机关与其他部门间的信息交换，形成数据交换、信息共享、业务联动的运行机制，有利于税务机关全面、及时掌握涉税信息，及时发现税收风险，提高征管效率。

金税工程的建设和发展，不仅推动了我国税收征管的现代化进程，也为研究数字经济背景下税收征管问题提供了重要的制度背景和实践基础。随着数字经济的快速发展，税收征管面临着新的挑战和机遇。本书旨在探讨数字经济背景下的税收征管问题，分析现行税收征管政策的不足及其潜在问题，为建立良好的营商环境提供参考。

1.3 技术进步驱动数字经济创新

随着信息技术的高速发展，国地税合并的完成，新时代的税务基建工作已经日益完善。目前的“金税工程”大数据云平台已经实现了“四个一”，即税务中间层实现了全国范围内的企业信息“一户式”，个人信息“一人式”，税务管理“一局式”，相互关联“一网式”。税收征管大数据时代已经到来。

1.3.1 大数据推进国家治理能力现代化

在税收征管大数据时代，税务机关如虎添翼，凭借大数据征管云平台多年来积累的纳税人申报信息、纳税人财产信息、银行账户交易往来信息、发票系统开具信息，以及其他部门和行业协会提供的第三方数据，再加上林林总总经过筛选和甄别的互联网数据……税务机关比以往任何年代、任何时期，都能够更加便利和准确地辨认纳税人的经营行为以及纳税行为。

反观企业层面，在税收征管大数据时代，企业的财务信息和经营信息基本处于“裸奔”的状态，数据信息已经勾勒出了完全的企业经营画像，企业面临着前所未有的税收征管局面。这时候，如果企业没有完备的税务风险管控体系，完全处于被税务机关数据信息管税的被动局面，一些传统“擦边球”的所谓“税务筹划”行为，以及典型的偷漏税行为，就一定会成为税务机关的稽查对象。如今，在大数据与人工智能飞速发展背景下，如何去重新考量税务风险管控，成为了具有时代性和前瞻性的全新课题。企业不能存在任何的侥幸心理，面对大数据税务风险管控的“大考”，必须做到“打铁还需自身硬”，建立贯穿生产流通、企业内部运营各个环节的税务风险管控机制，才能从源头上识别税务风险，控制税务风险，杜绝违法税收行为，提高纳税遵从度以及纳税信用等级，让税务风险管控为企业在商海“乘风破浪”保驾护航。

在林林总总的大数据包围下，企业的生产经营行为无疑在完全公开透明的状况下进行。税务机关可以利用大数据，轻松而准确地获得企业经营的“AI”图像，过去“盲人摸象”式的税务稽查，变成了准确高效的“定点扫描”与“精准雷达”。在这样的数字化税收征管背景下，税务机关锁定企业税务风险变得越来越容易并越来越准确。

大数据时代的到来，改变了人们对传统税收征管的理解，甚至颠覆了税务管理的整个理论与时间体系。大数据时代，“信息不对称”这一经济现象在逐渐消失，全面的信息流，完整的交易记录，曾经令税务机关颇为头疼的“逆向选择”和“道德风险”正在逐渐消失；同时，完整的数据信息，连通的数据网络，让稽查不再是信息的“孤岛”，税务机关可以在全面而联通的数据网络中抽丝剥茧，寻找到蛛丝马迹，让税务稽查不再是碎片化和片面化的管理过程。

1.4 税收征管的事前预警与事后监督

1.4.1 事前预警——税务稽查

在我国，“以票管税”是金税工程的核心要义。其之所以如此重要，主要是因为增值税的专用发票在企业经营链条中起到十分重要的作用，不仅记录了企业经营活动的全过程，而且成为企业计算销项税，抵扣进项税的重要凭证。所以，企业发票管理如果出现问题，如为他人、为自己开具与实际经营业务情况不符的发票；让他人为自己开具与实际经营业务情况不符的发票；或者介绍他人开具与实际经营业务情况不符的发票等，都会对国家税收造成损失。因此，税务稽查的重要任务之一，就是严厉禁止和控制发票管理的风险，让企业明白“欠国家的，迟早是要还的”，是要承担严厉的法律后果乃至刑事责任的。

税务稽查的核心，就是解决“少纳税”的风险。企业的纳税行为如果不符合税收法律法规的规定，那么就会出现主观意愿或非主观意愿的少纳税、不纳税、错纳税的风险，比如，未能准确界定增值税进项税额的抵扣范围；多抵扣了不得抵扣的进项税额；未按照税法规定进行业务类型的归并和分类等。这部分问题，都是企业税务稽查“天网”要查收的对象，不仅要补缴税款，而且要加收滞纳金，或者处以罚款。这样的税务风险，不仅会影响纳税人的纳税信用等级，而且会毁损企业声誉，影响未来的生产经营，严重者要承担刑事责任。

1.4.2 事后监督——纳税评估

国家税务总局2005年印发的《纳税评估管理办法（试行）》规定：纳税评估是指税务机关运用数据信息对比分析的方法，对纳税人和扣缴义务人（以下简称纳税人）纳税申报（包括减免缓抵退税申请）情况的真实性和准确性作出定性和定量的判断，并采取进一步征管措施的管理行为。纳税评估工作遵循强化管理、优化服务；分类实施、因地制宜；人机结合、简便易行的原则。

1）纳税评估的数据信息从何而来？

第一，“一户式”存储的纳税人各类纳税信息资料，主要包括：纳税人税务登记的基本情况，各项核定、认定、减免缓抵退税审批事项的结果，纳税人申报纳税资料，财务会计报表以及税务机关要求纳税人提供的其他相关资料，增值税交叉稽核系统各类票证比对结果等。

第二，税收管理员通过日常管理所掌握的纳税人生产经营实际情况，主要包括：生产经营规模、产销量、工艺流程、成本、费用、能耗、物耗情况等各类与税收相关的数据信息。

第三，上级税务机关发布的宏观税收分析数据，行业税负的监控数据，各类评估指标的预警值。

第四，本地区的主要经济指标、产业和行业的相关指标数据，外部交换信息，以及与纳税人申报纳税相关的其他信息。

2）纳税评估的结果如何处理？

税务机关通过纳税评估的方法，对纳税评估对象的纳税评估指标进行评估后，会出现以下几种不同的结果。处理方法也因此有所不同。

（1）对一般性问题的处理。对纳税评估中发现的计算和填写错误、政策和程序理解偏差等一般性问题，或存在的疑点问题经约谈、举证、调查核实等程序认定事实清楚，不具有偷税等违法嫌疑，无须立案查处的，可提请纳税人自行改正。需要纳税人自行补充的纳税资料，以及需要纳税人自行补正申报、补缴税款、调整账目的，税务机关应督促纳税人按照税法规定逐项落实。

（2）约谈机制。对纳税评估中发现的需要提请纳税人进行陈述说明、补充提供举证资料等问题，应由主管税务机关约谈纳税人。税务约谈要经所在税源管理部门批准并事先发出“税务约谈通知书”，提前通知纳税人。税务约谈的对象主要是企业财务会计人员。因评估工作需要，必须约谈企业其他相关人员的，应经税源管理部门批准并通过企业财务部门进行安排。纳税人因特殊困难不能按时接受税务约谈的，可向税务机关说明情况，经批准后延期进行。纳税人可以委托具有执业资格的税务代理人进行税务约谈。税务代理人代表纳税人进行税务约谈时，应向税务机关提交纳税人委托代理合法证明。

（3）实地调查。对评估分析和税务约谈中发现的问题必须到生产经营现场了解情况、审核账目凭证的，应经所在税源管理部门批准，由税收管理员进行实地调查核实。对调查核实的情况，要认真记录。需要处理处罚的，要严格按照规定的权限和程序执行。

（4）移交稽查部门处理。发现纳税人有偷税、逃避追缴欠税、骗取出口退税、抗税或其他需要立案查处的税收违法行为嫌疑的，要移交税务稽查部门处理。对税源管理部门移交稽查部门处理的案件，税务稽查部门要将处理结果定期向税源管理部门反馈。

（5）移交上级税务机关。发现外商投资和外国企业与其关联企业之间的业务往来不按照独立企业业务往来收取或支付价款、费用，需要调查、核实的，应移交上级税务机关国际税收管理部门（或有关部门）处理。

（6）完成纳税评估报告。对纳税评估工作中发现的问题要做出评估分析报告，提出进一步加强税收征管工作的建议，并将评估工作内容、过程、证据、依据和结论等记入纳税评估工作底稿。纳税评估分析报告和纳税评估工作底稿是税务机关内部资料，不发送给纳税人，不作为行政复议和诉讼依据。

1.4.3 纳税评估和税务稽查有何联系与区别

可以发现，纳税评估其实是税务机关对纳税人常规管理，“平和”而“日常”；税务稽查是对纳税评估中出现的违法现象需要采取进一步的措施，“严肃”且“偶然”。那么具体来说，两者到底有什么区别呢？

1）两者的目标导向不同

纳税评估的目标导向，一是通过税源真实性的评估提高纳税人的税法遵从度，二是为税务稽查提供前置的案件库，让稽查更加有的放矢。税务稽查的目标导向，是保证国家的税收收入不因偷税或骗税行为而受到损害，保障税收秩序向更好的方向迈进。

2）两者的行为主体不同

对纳税人来说，税务部门工作人员的意义都是一样的，即“征税人”，但在税务系统内部，纳税评估工作人员和税务稽查工作人员并不重叠。纳税评估工作主要是由基层机关的税源管理部门和“税管员”负责；而税务稽查由专门的税务局稽查局负责，稽查的行为主体简单而明确。

3）两者的作用对象不同

纳税评估的对象是企业在日常经营中的税收活动，“税管员”通过日常管理来掌握纳税人和扣缴义务人的纳税活动，是广泛性和普遍性的评估活动；而税务稽查的稽查对象是明确和有指向性的，主要是指在纳税评估阶段被发现有偷税、逃避追缴税款、欠税、骗税和抗税等税收违法嫌疑的纳税人或扣缴义务人的各项违法税收活动。

4）两者的工作流程迥异

纳税评估的工作流程可以概括为“定—析—谈—评”；税务稽查的工作流程可以概括为“选—查—审—执”。具体来讲，纳税评估，首先，需要确定评估对象，接着根据税收大数据进行纳税评估分析与处理；其次，对于纳税评估中发现的需要提请纳税人进行陈述说明、补充提供举证资料等问题，应由主管税务机关约谈纳税人，或由税收管理员进行实地调查核实；最后，对纳税评估工作中发现的问题要做出评估分析报告，提出进一步加强征管工作的建议。而税务稽查，其程序相对复杂，首先需要根据纳税评估的结果选择需要稽查的案件；其次依照法定权限和程序，通过实地检查或异地协查等，调取账簿资料并询问、查询存款账户或者储蓄存款；再次在税务机关办公场所和稽查对象现场审理稽查案件相关资料；最后执行稽查后的结果，包括追缴税款及滞纳金、处以罚款、移送公安机关、提出管理建议等。

可见，纳税服务是纳税评估的职能，惩处、威慑和教育是税务稽查的职能，税务稽查主要通过惩处等打击性措施起到执法作用。纳税评估是税收管理的第一道关口，税务稽查则是最后一道防线。

1.5　数字经济特征与发展趋势

数字经济是以数据作为核心生产要素，通过数字技术实现经济活动的数字化转型和价值创造的新型经济形态。采用LP法计算企业全要素生产率（TFP），研究发现，数字经济的发展显著提升企业的全要素生产率。因此，数据要素需要与传统生产要素（如劳动力、资本、技术等）共同作用，才能够实现全局优化。这体现了数字经济在农业领域和工业领域实现了生产方式的升级和创新，具有延续性和推动性的特点。

数字技术是数字经济高质量发展的主要驱动力。数字技术主要指大数据、云计算、人工智能、物联网等新一代信息技术的应用。这些技术不仅创造了新的经济业态如平台经济、共享经济等，还提高了生产效率、优化资源配置。例如，自动化生产线实现高效率生产，人工智能可以精确匹配供需要求，进一步优化资源配置。此外，数字技术在数字经济的安全治理领域提供了重要的技术支持。例如，阿里巴巴的RiskGo系统利用复杂的数据模型和算法，对交易行为进行精准的风险评估和预警，为数字经济金融安全领域提供重要保障。

数字资源是数字经济发展的关键要素。数据具有潜在价值，未经过加工的为数字资源，如果加工后产生经济利益则变成数据资产。数字资源是指以电子化记录和保存的信息和数据，包括文本、图像、音频、视频以及其他多媒体内容。与传统资产不同的是数据资源具有可复制性，更新迭代速度更快。数字资源通过支持数字产业化和产业数字化，推动经济全面升级。数字产业化集中于人工智能、大数据等新兴数字产业。这些产业创造了新的经济增长点，例如智能制造和自动驾驶领域的应用，推动了生产方式的变革，为数字经济发展提供了核心动力。产业数字化则通过数字技术对传统产业（如制造业、农业等）进行全方位改造，实现传统产业的转型升级。同时，数字资源在产业数字化过程中，通过数据驱动的创新模式，促进了数据要素的流通和高效配置，进一步优化了产业生态。此外，数字资源通过数据要素的价值释放，推动了数字经济与实体经济的深度融合，催生了智慧物流、数字商贸等新兴业态。

与实体经济融合发展是数字经济的内在要求。加快利用数据要素、数字技术等推进转型，实现结构优化升级，是帮助实体企业缓解经营压力，提升创新动力的重要路径。

网络经济决策是数字经济的基本标志。网络经济决策是指在数字经济环境下，利用数字技术，对经济活动进行分析、预测和决策的过程。网络经济决策能够显著提升企业的竞争力和市场响应速度。通过实时数据分析和AI智能算法，企业可以快速获取市场动态，准确预测市场需求。实时数据监控和快速反馈机制可以及时响应客户需求，提升市场满意度。同时，政府也可以利用网络经济决策机制，制定更精准的产业政策，推动数字经济与实体经济的深度融合。

生态系统战略竞争是数字经济的核心目标。数字生态系统是由平台组织的线上服务市场，是对线上经济活动的多平台、多市场主体、多业务领域的系统性融合。数字经济时代，价值网络重构是企业转型升级的关键路径之一。平台企业通过整合各方资源，实现数据共享和服务协同，形成的以客户为中心的交互网络，优化了资源配置，增强了生态系统的竞争力。数字经济时代的竞争从企业间竞争转向生态系统的竞争。通过构建生态系统，核心企业与合作伙伴共同创造价值，实现协同进化。未来能够实现跨生态协同、持续创造衍生价值的主体将在企业竞争中占据主导地位。

要适度超前布局数字基础设施，加快信息通信网络建设，推进全国一体化算力网建设。未来，我国将不断完善数字经济基础设施建设，推动数字技术与传统产业深度融合，打造具有国际竞争力的数字产业集群。

随着公共数据开放共享和授权经营的规模扩大，公共数据的场内交易规模在2025年有望迅速扩大。企业数据的交易需要与产业互联网密切配合，开创一种可靠的场外交易新路径，2025年各地将会积极探索产业生态内的数据交易新模式。

2

数字经济下增值税税收征管问题研究

增值税是国际流行的税种之一，也是我国的第一大税种。“营改增”全面推开后，增值税在我国税收征管上的力度空前重要，而增值税发票作为税收大数据的关键指标，不仅在税收征管中发挥着重要作用，也对企业内部控制提出了更高要求。

从增值税的类型来看，其以征税范围为标准，可分为特定商品增值税和一般商品增值税。特定商品增值税是指仅在生产或流通的特定环节，或者仅对部分特定的货物与服务征收的增值税。一般商品增值税是指在生产与流通的各个环节，对所有货物与服务普遍征收的增值税。目前，世界典型国家的增值税，如OECD成员国的增值税，基本上属于一般商品增值税。我国增值税制度自1994年改革后逐步完善，2016年5月1日起全面推开“营改增”，标志着我国增值税从特定商品增值税向一般商品增值税的全面转型。

随着移动互联网、大数据、云计算、人工智能等新兴技术的广泛应用，数字经济作为一种新的经济模式在全球范围内迅速崛起并蓬勃发展，不仅催生了诸如数字产品和服务等新的交易客体，还加速了传统产品与服务的数字化转型，从而极大地提升了经济运行的效率，推动了经济的高质量发展。与此同时，数据要素取代实体货物成为核心生产资料，用户参与创造的价值难以通过传统抵扣链条计量，跨境数字服务实现“零实体存在”运营，建立在农业经济和工业经济基础上的增值税制度和征管体系正遭遇前所未有的严峻挑战。

在此背景下，深入研究数字经济下增值税征管问题，对于完善税收制度、保障国家税收公平与效率以及促进数字经济健康发展尤为重要。本章将从以下几个方面展开系统研究：

首先，回顾数字经济背景下增值税的基本征税原则，深入探讨增值税的征税机制。随后，将参考各国和地区应对数字经济新业态的增值税改革经验，以期为我国增值税税制改革提供有益借鉴。

其次，分析数字经济下我国增值税税收制度面临的挑战，包括纳税主体认定困难、征税对象模糊、税率结构复杂以及纳税义务发生时间和纳税地点难以确定等问题。这些问题不仅影响了税收征管的效率与公平性，也制约了数字经济的健康发展。紧接着，针对上述问题，提出数字经济下完善我国增值税税收制度的对策及建议，以期为我国增值税制度的优化提供有益的参考，推动数字经济与税收制度的协同发展。

最后，分析数字经济下我国增值税税收征管面临的挑战，如税收征管服务质量有待提升、消费地原则尚未全面落实、“以票控税”征管模式不再适用等。这些挑战使得传统的税收征管难以适应数字经济的发展需求。为此，需要简化征管流程，强化数字技术在税收征管中的应用，如利用区块链、云计算和人工智能等技术提升征管效率。同时，还需推动税收征管模式从“管理型”向“服务型”转变，以更好地适应数字经济时代的要求。

通过以上研究，本章期望为我国在数字经济时代构建更加科学、高效、公平的增值税征管体系提供理论支持与实践指导，助力我国税收征管工作在新的经济环境下实现高质量发展。

2.1 数字经济下增值税的基本征税原则和征税机制

数字经济作为一种新兴经济正在飞速发展，在国民经济中的比重愈发突出。然而，现有的增值税制度和征管体系是基于农业经济和工业经济时代构建的，与数字经济的特征存在诸多不匹配之处，面临着严峻挑战。

本节将首先回顾数字经济背景下增值税的基本征税原则，包括

《渥太华电子商务税收框架条件》提出的五项基本原则以及OECD所倡导的消费地原则，并分析其在数字经济时代的应用与重要性。随后，将深入探讨增值税的征税机制，包括“环环征税、道道抵扣”的核心理念、进项税额与销项税额的核算原理、增值税链条对抵扣机制的重要性，以及数字经济不同类型交易对增值税征管带来的挑战。通过系统梳理和分析，旨在为后续章节提出针对性的优化策略提供理论基础和实践指导，以期为数字经济背景下增值税制度和征管的完善提供有益的参考和借鉴。

2.1.1 数字经济下增值税的基本征税原则

1998年10月，渥太华部长级会议提出了电子商务间接税的一系列原则，最终形成了《渥太华电子商务税收框架条件》，该框架确定了对电子商务征税的五项基本原则：税收中性原则、效率性原则、确定性和简易性原则、有效性和公平性原则、灵活性原则。

2015年，OECD发布的《国际增值税/货劳税指引》强调，消费地原则应成为国际增值税管理的核心原则。该原则要求商品、服务及劳务的间接税由消费地征收，即“谁消费，谁负担”。这一原则有助于解决跨境交易中增值税体系不协调的问题，并有效避免税收不确定性、重复征税及双重不征税现象，减少增值税对跨境交易的扭曲，防止各国财政收入流失。

随着数字经济的快速发展，增值税的征收面临诸多新挑战。电子商务、在线服务和跨境交易的兴起，使得传统税收模式和原则面临前所未有的压力。渥太华部长级会议提出的五项基本征税原则以及OECD所强调的消费地原则，为数字经济背景下的增值税改革奠定了重要基础。

1）五大基本原则及其应用

（1）税收中性原则

税收中性原则作为增值税征收的根本遵循原则，强调在理想状态下，增值税应当对不同商品、服务和行业一视同仁，尽可能减少对生产者和消费者决策的干预，即“相似的交易在相同情形下应承担相同税负”。具体而言，增值税的税收中性可细分为外部中性和内部中性两个维度。外部中性体现在境外提供方履行纳税义务时，不应比境内经营同一或同类业务的企业承担更重或更轻的税收负担。内部中性则主要体现在三个方面：一是税负中性，即税收负担应由最终消费者承担，而非生产者。二是征收中性，通过明确的法律法规界定纳税主体的范围和课税对象的性质等事项，确保税收征收的公平性和一致性。三是经济中性，增值税制度应尽可能减少对生产者和消费者的经济决策造成影响，保障市场机制的正常运行。综上所述，税收中性原则不仅是增值税制度设计的重要遵循，也是实现公平、高效税收征管的关键。

（2）效率性原则

效率性原则要求增值税能够促进资源的高效配置，并尽可能降低企业的合规成本和税务机关的行政成本。随着跨境电商、虚拟服务和在线交易的增多，增值税的征收变得更为复杂，易因申报流程的繁琐和国家税制的差异而增加合规成本。因此，如何简化税收流程、降低税务成本并提高效率，成为数字经济背景下增值税征管的重要课题。

（3）确定性和简易性原则

确定性和简易性原则要求税收政策清晰明了，减轻纳税人和税务机关的负担。为了确保企业和消费者能够准确理解税收义务，各国税务机关应通过简化税收规定，增强税收透明度，避免税制上的混乱。OECD在《数字化带来的税收挑战——2018中期报告》中指出，应制定简单明了的增值税规则，特别是针对跨境交易中的小额交易，应当有简化的税收规定以降低纳税人的合规成本。

（4）有效性和公平性原则

增值税的有效性和公平性是确保税收制度公平运行的关键。有效性原则要求税务机关确保税收应收尽收，即使面对跨境电商和平台经济等新兴领域，也要确保税收能够准确及时地征收；公平性原则强调量能课税，即根据纳税人的实际经济状况确定税负。在跨境交易和数字经济中，如何确保有效性和公平性成为了新的挑战。为应对这些挑战，各国已开始探索更为灵活的增值税征收规则。

（5）灵活性原则

数字经济是一个动态发展的领域，税收制度的灵活性尤为重要。灵活性原则要求增值税制度能够根据市场和技术的变化及时调整，以应对不断变化的商业模式和交易方式。随着数字经济的推动，出现了平台经济、共享经济、虚拟商品和服务等新兴商业形态，这些新形态对传统增值税税收制度构成了巨大挑战。因此，增值税政策必须具有足够的灵活性，以应对新兴行业的税收问题。

2）消费地原则的重要性

消费地原则在现代增值税制度中占据着至关重要的地位，其核心在于将商品或服务的税收管辖权赋予最终消费发生地，而非生产或销售地。这一原则的重要性植根于全球化经济和数字技术变革的双重背景，深刻影响着税收公平、市场效率与国际协调的实践逻辑。

从税收公平的角度来看，在跨境交易中，不同国家的增值税税率存在显著差异。如果按照生产地原则征税，来自高税率国家的供应商在国际市场上将面临更高的成本负担，从而在竞争中处于不利地位。这种基于生产地的税收差异不仅扭曲了市场竞争，还可能导致资源配置的不合理。而消费地原则则要求所有向同一市场提供商品或服务的供应商，无论其来源地如何，均适用该市场的统一税率。这种做法消除了因税率差异而产生的不公平竞争，确保了市场的公平与效率。同时，该原则也重构了政府与纳税人的权利和义务关系，缓解了税收与税源背离的矛盾。

在经济效率层面，消费地征税原则为全球市场一体化提供了制度保障。与生产地征税原则可能引发的“税收套利”行为相比，消费地征税使企业选址更多基于要素成本、供应链效率等市场因素。数字经济的发展模糊了传统物理边界，消费地原则通过OECD倡导的“用户参与价值创造”理念得到了创新性延伸。例如，云计算、数字广告等无形服务的征税权被分配给用户所在国，使得谷歌、Netflix等跨国数字巨头的税负分配更贴近其价值创造的地理分布。

此外，消费地征税原则的实施还深刻影响着国际税收治理格局。在欧盟等区域经济体中，消费地征税有效缓解了成员国间因人口流动、产业集聚导致的财政纵向失衡问题。目前，消费地原则已被WTO《服务贸易总协定》、OECD《增值税/货物劳务税指南》等国际规则所认可，当前围绕数字经济开展的双支柱国际税改，也正是将消费地原则与全球最低税相结合，试图在数字经济时代重构利润分配与税收管辖的平衡点。

2.1.2 数字经济下增值税的征税机制

增值税的征税机制是一个复杂而严谨的体系，其核心遵循“环环征税、道道抵扣”的原则，在保障税收公平的同时提升征管效率。具体而言，通过精确核算企业每个环节的进项税额与销项税额，形成环环相扣的抵扣链条。值得注意的是，无论是在线下实体交易还是数字经济活动中，若某一环节未能有效征收增值税，会导致增值税的抵扣链条断裂，并形成税收流失风险。因此，确保增值税链条的完整性和连续性，对于维护税收公平、保障财政收入以及促进市场健康发展具有不可忽视的重要意义。

1）增值税征税机制的核心——“环环征税、道道抵扣”

增值税征税机制的核心可以概括为“环环征税、道道抵扣”。所谓“环环征税”，是指增值税仅对每一环节的增值部分进行征税。这种设计既能实现税收公平，又能在各环节间合理分摊税负。而“道道抵扣”则体现为上环节征多少税，下环节就扣多少税，征扣税保持一致，即已征税的增值部分不会在后续环节重复计税。通过这种环环相扣的抵扣机制，有效避免了传统销售税体系下“层层加税”导致的税负过重和价格扭曲问题。

2）进项税额与销项税额的核算原理

增值税的核算机制围绕进项税额与销项税额展开，二者相互关联且相互制约，共同构成增值税的抵扣链条，确保税收的公平性和效率性。进项税额的核算原则是“购进即税”，即企业在采购环节支付的增值税被视为进项税额，并通过合法有效的凭证（如增值税专用发票）进行记录和确认。销项税额的核算原则是“销售即税”，即指企业在销售商品、提供服务等经营活动时，无论是否实际收到款项，只要交易行为完成并符合税法规定的纳税义务发生条件，就必须根据销售额和适用税率立即计算并确认销项税额。

两者的抵扣关系如同齿轮啮合：上游企业的销项税额自动转化为下游企业的进项税额，形成贯穿产业链的抵扣链条。例如，制造商销售产品时收取的税款，会成为批发商采购时的抵扣依据，依此类推直至最终消费者。通过这种方式，每个企业仅对自身创造的增值额纳税，既避免了传统税制下生产环节的重复征税，又确保了税负通过价格机制合理传导。

3）增值税链条对进项税额抵扣机制的重要性

增值税的多级征税机制依赖一个完整的增值税链条，它确保税负仅在最终消费环节被完全转嫁，而中间环节则不会累积税负。增值税链条通常包括原材料采购、生产加工、批发、零售等多个环节。若增值税链条受到破坏，增值税的多级征税机制将遭遇严重影响，进项税额抵扣机制也会失效，从而造成税负的累积，导致系统性问题。

增值税链条的断裂，具体而言，指的是在交易环节之间，进项税额的抵扣不能顺利进行。正常情况下，企业通过每一环节的增值部分计税，并将已支付的增值税作为进项税额抵扣。如果链条被破坏，进项税额的抵扣就会受到限制，企业只能按其未能抵扣的税额进行计算，其实际承担的税款可能超过其增值部分对应的税额，例如上游环节未抵扣的税款会逐级叠加到下游企业，导致税负无法有效分摊，最终可能推高商品价格。这种不完整的链条还会使税务部门难以准确掌握跨环节的税款流动轨迹，税务机关为核实断裂环节的真实交易情况，往往需要投入更多资源进行核查，既增加行政成本，也提高了企业应对税务检查的负担。

例如，在跨境数字交易中，商家与消费者之间通过互联网进行商品交易，若海外供应商再进货时无法抵扣增值税税款，或交易信息在跨国流转中出现缺失，整个链条就会面临税收失衡，进而影响商品价格、市场公平性和税收合规性。

综上所述，增值税链条一旦破裂，往往不仅影响国内交易，还可能涉及国际税收协调问题。因此，保持增值税链条的完整畅通，是平衡税收公平、市场效率与征管效能的关键所在。

4）数字经济类型与增值税挑战

数字经济的迅猛发展，催生了电商经济、平台经济、共享经济等新型业态，突破了传统经济模式的时空限制，带来了前所未有的机遇与挑战。这些新兴业态的出现，使得基于工业经济的传统税制面临系统性挑战，尤其是在增值税的征收和管理方面。

（1）在线交易

在线交易，指通过互联网平台进行的商品和服务买卖。随着数字化技术的快速发展，在线交易在全球范围内迅速普及，成为传统商业模式的重要补充。无论是通过PC端还是移动端，消费者可以随时随地进行购物，商家也能通过平台扩大市场覆盖范围。例如，京东和淘宝等电商平台使消费者能够在家中购买各类商品，商家则通过这些平台直接与消费者进行交易。传统经济中，交易双方通常有明确的地理位置，税务机关可以根据交易地点确定征税管辖权。然而，在线交易突破了地域限制，买卖双方可能位于不同国家或地区，导致确定增值税的交易地点和征税管辖权变得更为复杂。

（2）数字交易

数字交易是指基于数字技术在商品或服务的生产、订购和交付过程中发挥重要作用的贸易活动，其主要包括三大类：第一类是通过互联网订购并在线下交付的实物商品、服务的交易，如在淘宝App上购买商品、在线预订酒店和机票等；第二类是完全在线提供的服务交易，如远程教育、数字医疗等；第三类是涉及数字内容的商品、服务交易，如数字音乐、网络游戏等。例如，QQ音乐等平台提供音乐流媒体服务，用户可以在线收听和购买音乐；京东阅读等电子书平台使读者能够购买和阅读电子书籍。然而，这些产品和服务的交付和消费方式与传统实物商品截然不同，主要通过数据流和虚拟产品完成，这为增值税的征收和管理带来了巨大挑战。

（3）跨境数字交易

跨境数字交易，指通过国际互联网进行的国际贸易活动。目前国际上针对数字交易的概念主要是从狭义和广义两个层面加以区分。这使得顾客可以直接在海外购物，而世界各地的商人则可以把商品卖给其他国家的顾客。跨境数字交易的核心是跨境电商，其中包含各类网上商城、电子商务网站以及手机应用。亚马逊、阿里巴巴等国际知名的电子商务网站都是其中的佼佼者。这些平台为买家和卖家提供了一个便捷、安全的交易环境，包括网上支付、物流配送、客服服务等功能。然而，跨境数字交易的增值税管理现面临全球性难题，主要涉及税收归属、税率差异、征税执行困难以及反避税问题等多个方面。

（4）共享平台和共享经济

共享平台和共享经济是建立在资源共享理念之上的新型经济模式，借助信息技术的支持，个人或企业可将闲置资源或服务提供给他人使用，从而实现资源的最大化利用。共享平台通常充当中介角色，提供交易撮合、支付结算等服务。共享经济的例子包括共享单车、共享住宿、共享汽车等，这些服务不仅促进了资源的高效利用，还改变了传统消费模式，提升了社会经济效率。共享经济中，交易的参与者可能不属于传统意义上的企业，如何识别和管理这些自然人纳税主体，成为了增值税征管的一大挑战。

2.2　数字经济下增值税制度和征管建设的国际总体探索

数字经济背景下，各国在应对增值税征管挑战方面展开了广泛探索。理论层面，自2015年以来，OECD发布了多项报告，提出框架性建议，为全球增值税的数字化改革提供了重要参考。实践层面，各国和地区根据自身经济情况和发展需求，制订了各具特色的增值税改革方案，典型的国家和地区如澳大利亚、新西兰和欧盟。例如，欧盟通过引入一站式服务平台和反向征收机制，简化跨境交易的增值税申报流程，同时加强对数字平台的责任约束。澳大利亚则将数字平台视为纳税人，要求其在满足一定条件时履行纳税义务。新西兰则将数字服务纳入远程服务范畴，统一适用增值税一般规定。本节将参考各国和地区应对数字经济新业态的增值税改革经验，以期为我国增值税税制改革提供有益借鉴。

2.2.1 OECD应对数字经济增值税制度和征管问题的总体探索

2017年，OECD发布了《国际增值税/货物劳务税指南》，提出了一套国际公认的准则和推荐方法，旨在解决国际贸易中各国增值税制度应用不协调所引发的问题。该指南特别关注服务和无形资产的跨境交易，并为这些交易的增值税处理提供了明确的指导。本书认为，数字交易也是服务和无形资产交易的一部分，其增值税处理同样受到该指南的规范。因此，对《国际增值税/货物劳务税指南》的理解，能够为数字交易的增值税制度和征管建设提供重要参考，帮助各国在数字经济背景下更好地协调增值税税收政策，减少双重征税或双重不征税的风险。

1）数字产品和服务定义的探讨

OECD作为国际税收秩序的领导者，是各国税收政策的风向标，发布的政策文件常被其他国家参考，是国际各国签订税收协定的理论依据，又发挥着税收法律制度制定的示范作用。在渥太华会议上，OECD提出基于增值税的属性和纳税目的，不应将数字产品和服务纳入货物范畴，而应被认定为应税服务。会议上就数字产品和服务应当区别于传统商品并纳入应税服务达成共识。

2）消费地征税原则的提倡

OECD于2006年2月着手制定《国际增值税/货物劳务税指南》，希望为各个国家进行服务和无形资产跨境交易时提供一些参考和指引，直到2017年4月，《国际增值税/货物劳务税指南》才有了最完备的版本。2017年版本的《国际增值税/货物劳务税指南》涉及两大税收核心原则：一是中性原则，二是目的地征税原则。其中目的地征税原则，也就是国际上所接受的按照消费所在地进行征收的原则。针对跨境交易的增值税征管，该指南区分了B2B（Business-to-Business）与B2C（Business-to-Consumer）的情况，并给出了指导意见。

针对B2B交易的增值税处理规则主要围绕“目的地原则”展开，即增值税的征收通常基于客户所在地。这意味着，如果数字产品或服务的供应涉及跨境交易，增值税应在客户所在国家或地区征收。对客户身份的认定，以双方签订的商业协议为依据。商业协议并不局限于合同的形式，也不局限于书面材料，包括但不限于一般信函、采购订单、发票、付款凭证和收据等。因此，各种可能被认定有关的证据都可用于确认客户的身份。此外，该指南区分了单一地点实体（single location entity，SLE）与多地点实体（multiple location entity，MLE）的情况。B2B模式下，向SLE提供数字产品和或服务，建议由客户所在地缴纳税款，客户可通过逆向征收机制承担缴纳税款的责任。B2B模式下，向MLE提供数字产品或服务，关键在于识别“使用数字产品或服务”的客户，对此，该指南给出了三种方法来判定实际消费地，分别是直接使用方法（direct use approach）、直接交付方法（direct delivery approach）和再分配方法（recharge method）。直接使用方法是指，直接使用产品或服务的机构所在地；直接交付方法是指，产品或服务的最终送达地；再分配方法是指，当同一交易中存在多个购买方时，应按照各个机构费用分摊的比例来分配征税权。

B2C交易的增值税应根据最终消费发生地的规则征收，这意味着，无论产品或服务的供应商位于何处，只要最终消费者在某一特定国家或地区消费，该国家或地区就有权对交易征收增值税。《国际增值税/货物劳务税指南》区分了两种不同的产品和服务的供应方式，并分别给出了征管建议。第一，针对现场服务（on-the-spot supplies），该类型服务通常要求服务供应地点易于识别、同时同地发生服务且服务供应方与接收方同处于一个空间，例如美容美发、按摩、住宿、餐饮、剧院演出、体育比赛等，这类现场服务将实际履行服务的地点作为纳税地点。第二，针对现场服务以外的服务，即非现场服务（non-on-the-spot supplies），例如法律咨询服务、金融保险服务等，建议以消费者的常住地作为纳税地点。如果一家在线软件公司位于A国，而消费者位于B国，则增值税应在B国征收。建议根据合理的信息来确定消费者的常住地，例如订单信息、账单地址、银行账户所在国、信用卡信息等。如果这些信息不足以确定常住地，可能需要进一步的证据，如IP地址、交易历史等。

3）增值税征管机制的建议

（1）逆向征收机制和简易登记注册机制

交易对象的数字化和交易方式的数字化，使税务机关无法对数字交易活动进行有效监管，从而导致大量税收流失。

OECD在《国际增值税/货物劳务税指南》建议，各国在B2B模式下采用逆向征收机制（reverse charge mechanism），具体而言，如果供应商未在购买方所在管辖区域内完成登记注册，那么增值税的缴纳责任将转移至购买方，由购买方负责缴纳增值税。这一机制将增值税的管辖权从国际层面转向国内，能够有效解决B2B模式下增值税的管辖问题，确保税收的合理归属。同时，该指南还强调各国应利用现代化技术探索一系列电子服务以支持税务工作，例如电子发票、税务信息共享平台等。通过这些技术手段，可以加强各国间的税收合作与信息交换，避免跨境交易中出现重复征税或双重不征税的问题。

B2C模式的征管手段以“注册登记”为主，要求服务或无形资产供应方在消费者所在地管辖区进行税务登记。在B2C模式下，逆向征收机制可能效果甚微，一方面在于消费者的税收遵从度低，另一方面在于B2C模式下的服务或无形资产供应大多为大量的低价值供应。《国际增值税/货物劳务税指南》建议针对非居民纳税人建立简化的登记注册机制（simplified registration and compliance regime）。在简易登记注册机制下，非居民纳税人可在税务机关网站上完成登记注册，并仅登记最必要的信息。注册之后，增值税申报表的提交、支付流程以及需要留存的文件均可通过电子方式处理或保存。这一方式期望提供一个简化的制度，最大程度地降低非居民供应商的合规成本。

（2）平台完全责任机制

在2019年发布的《数字平台对在线销售征收增值税/货物劳务税的作用》（The Role of Digital Platforms in the Collection of VAT/GST on Online Sales）中，OECD指出，第三方平台在B2C模式下的数字产品和服务交易中扮演着不可或缺的角色，因此将其纳入增值税征收范围具有合理性。其进一步将平台的责任形式分为三类：完全责任机制、部分责任机制和连带责任机制。其中，完全责任机制是指平台作为纳税人，对通过平台进行的交易产生的收入直接缴纳增值税。部分责任机制则要求平台承担代扣代缴的义务。连带责任机制则是指，当线上供应商未能履行纳税义务时，数字平台在特定情况下需承担连带责任。对于以上三种责任形式，OECD认为，完全责任机制是最为合理的选择。这是因为第三方平台在交易中所处的中介角色，能够汇聚并利用大量信息来获取利益。因此，要求这些平台依据消费地原则向消费所在国家缴纳增值税并承担完全责任，不仅能够显著提升增值税的征收效率，而且有助于营造一个更加公平的税收环境。

2.2.2 欧盟应对数字经济增值税制度和征管问题的总体探索

欧盟（European Union）对跨境数字交易适用目的地原则，在目的地的判断标准上参考了OECD发布的《国际增值税/货物劳务税指南》。欧盟对跨境数字交易的征管措施同样区分了B2B模式与B2C模式。在B2B模式下，欧盟与OECD的处理办法一致，主要采用“逆向征收”方式将纳税义务转移给客户。而在B2C模式下，欧盟针对“注册登记”提供了具体的办法，即实行一站式服务。除此之外，欧盟关于增值税征管的其他方法也同样值得借鉴，总结来看，主要有以下几个方面。

1）数字产品和数字服务的界定

早在1998年在渥太华会议上，国际社会就已达成共识，将数字产品和服务纳入应税服务的范畴。在此基础上，欧盟于2000年在委员会提案中也将其纳入服务的范畴。2005年，欧盟正式引入了“数字化服务”这一概念，并通过四个要素来定义其内涵：必须通过互联网及电子方式进行传输、从根本上是自动提供的、人工干预的程度极低、依赖信息技术。此外，欧盟还在增值税实施条例中通过清单列举的方式明确了数字服务的范围。这些举措不仅为数字产品和服务的界定提供了清晰的法律依据，也为增值税的征收奠定了坚实的基础。2021年1月，欧盟出台《数字服务法案》，进一步拓宽了数字服务的定义范畴，涵盖了提供网络基础设施的服务、云服务以及网络托管服务。《数字服务法案》的实施标志着欧盟在数字领域立法的重要进展，为跨境数字服务提供了更全面的法律框架。

2）确定消费地征税原则

2002年，欧盟针对数字经济发展的特性，对增值税的管辖原则进行了调整，提出了“消费地原则”。这一原则规定，当欧盟成员国作为购买方从其他国家购买数字产品或服务时，购买方所在国被视为消费地，并由该国的税务机关负责行使跨境增值税的管辖权。

一开始，欧盟虽然提出了消费地原则，但并未完全实施。其目的在于维护欧盟各国的增值税利益。但实际上，并非所有成员国都按规定执行，有些国家仍然对生产地征收增值税。因为根据生产地原则，欧盟成员国可以利用国家间的增值税税率差异，将经营机构设立在税率较低的国家，以此来减轻跨境数字交易的增值税负担。2008年成为了一个转折点，欧盟发布了修订后的《增值税指令》（EU VAT Directive），专门针对增值税管辖权原则进行了修改，建议跨境交易的增值税税收管辖采用消费地原则。随后，欧盟各国也逐渐开始适用这一原则，到2015年，消费地原则在欧盟全面推广与实施，这意味着增值税的征收权转移到了消费地的税务机关，切实保证了欧盟各国的税收利益。

（1）B2B模式下的数字交易

《欧盟增值税指令》吸纳了OECD《增值税指南》中关于B2B交易模式的相关规则，其中，第44条作为核心条款，明确规定消费者所在地拥有增值税征税权。若交易中的一方为非欧盟成员国实体，则欧盟成员国拥有选择权，可将服务的实际发生地视为消费地进行增值税的征收。然而，鉴于欧盟对合同法律效力的尊重，当合同造假导致服务实际发生地存在争议时，对复杂情形下消费地的判定便成为了一项挑战。为此，欧盟《增值税指令》第22条提供了一系列参考要素以辅助判断。首要步骤是识别服务的性质与用途，若无法据此确定服务地点，则进一步依据合同、订单、增值税标识以及付款方式等信息进行推断。若上述所有手段均无法准确界定服务使用地的具体位置，法律上则默认“服务是在客户开展业务的地方提供的”。这一规定旨在确保在复杂多变的交易环境中，增值税的征收能够尽可能地反映真实的经济活动和消费地点。

（2）B2C模式下的数字交易

欧盟《增值税指令》第58条规定，B2C服务分为欧盟成员国之间的B2C服务和欧盟成员国与第三国之间的B2C服务。自2019年1月1日起，欧盟引入了每年10 000欧元的欧盟阈值，即在销售额不超过10 000欧元时，将税权赋予服务提供国；而在销售额超过10 000欧元时，将税权赋予消费者永久性住所或习惯性居所所在国，即仍采用消费地原则。而对于欧盟成员国和第三国之间的交易，不考虑交易数额，将税权赋予消费者所在国。

3）增值税征管机制的探索

（1）建立增值税反向征收机制

针对B2B模式下的数字交易，欧盟实行“反向征收机制”。反向征收机制规定提供者无须向接受者收取增值税，而是由接受者作为纳税人自行向其所在国缴纳增值税。这个机制的实质是将纳税义务从提供者转向接受者，从而在源头上防止发生“循环骗税”行为。目前采用反向征收的范围包括向欧盟境内提供电信、广播以及通过互联网提供音乐、电子图书、广告、游戏、影视或软件等。为进一步扩大增值税反向征收机制，以进一步打击欧盟内部的增值税欺诈行为，2022年6月，欧盟委员会再次修订相关增值税指令，将反向征收制度的适用时间延长至2026年12月31日。

（2）一站式服务平台

登记注册制是目前B2C模式下数字交易增值税征管的主要方法。但当数字服务的消费者位于多个国家时，供应商将在每一个国家进行登记注册，这会给供应商带来极高的税务合规成本。为了解决这一问题，欧盟推出了迷你一站式服务平台（Mini One Stop Shop，MOSS）。2021年，欧盟发布了《增值税一站式服务指南》，由原来的迷你一站式服务拓展为全面的一站式服务，涵盖了更广泛的供应服务和更简化的工作流程。一站式服务平台（One Stop Shop，OSS）是一种电子税务申报系统，提供电子服务的销售方无论是否来自欧盟国家，均可在欧盟任一成员国申报和支付增值税，无须在所有发生销售行为的成员国分别注册和申报。其目的是减少跨境在线销售的障碍，并解决远程销售及进口低价值货物面临的挑战。其中涵盖三个特别机制：非欧盟机制、欧盟机制和进口机制。在该系统下，所有向欧盟提供商品和服务的企业都可以履行简化的增值税缴纳义务。企业在欧盟所有成员国的销售商品和提供服务的行为，只需在其中一个成员国中进行注册，并通过一站式服务平台提交增值税申报表。欧盟对各种情况都作出了详细的规定，以便企业根据自己的需求进行选择、完成注册并了解欧盟的征管方法。

（3）第三方平台的责任

欧盟《第2006/112/EC号指令》中加入了第14a条，规定使用电子界面协助商品远程销售的应税人可以视同供应商，承担增值税纳税义务。在这种情况下，实际供应商通过电子界面向最终消费者销售商品的单次供应（B2C供应）被视为两次供应：一是实际供应商对电子界面的供应，视同B2B供应，这次供应不涉及运输；二是电子界面对最终消费者的供应，视同B2C供应，这次供应需要安排运输。将供应商的增值税纳税义务转移到第三方平台，能够确保增值税得到有效和高效的征收，并且能够减轻供应商、税务机关和消费者的税收负担。

4）打击增值税欺诈

提供支付服务的支付服务提供商（PSPs）在欧盟运营时，必须监控跨境支付的受益人（收款人）。从2024年4月1日起，支付服务提供商需将每季度收到超过25笔跨境支付的受益人信息传输至欧盟成员国的税务机关。这些信息将被存储在中央支付信息电子系统

（CESOP）数据库中，在此进行汇总，并与其他欧洲数据库进行交叉核对。CESOP中的所有信息将通过Eurofisc网络向各成员国的反欺诈专家开放，以便他们能够检测可能的电子商务增值税欺诈行为。这为欧盟成员国的税务机关提供了必要的工具，以识别在其他成员国或非欧盟国家设立的卖家可能实施的电子商务增值税欺诈行为。

2.2.3　代表性国家应对数字经济增值税制度和征管问题的具体对策

1）澳大利亚

（1）视电子平台为纳税人

澳大利亚在面对平台或中介时选择将其归入纳税人的范畴，将数字产品和服务的纳税人定义为向澳大利亚境内销售数字产品和服务的企业，以及在互联网交易平台充当中介的经销商。特别是从2018年7月1日开始，海外的数字平台需要承担更大的社会责任。如果海外电子平台年度应纳税收入在澳大利亚达到75 000美元以上，就必须在澳大利亚注册和纳税，但提供跨境电子业务的提供商不需注册。澳大利亚通过对电子商务平台征收管理费用的实践，在税务效率与税务公正之间做出权衡。

（2）反向征税机制

自2016年10月1日起，澳大利亚开始对B2B模式下的数字交易进行反向征税。2017年7月1日，澳大利亚实施了新的商品及服务税政策，以支持B2C方式进行跨境电子商务。在坚持“消费者所在地”的基础上，规定澳大利亚境内的境外公司进行跨境数字交易需缴纳10%的商品及服务税，以实现两国税收的均衡。澳大利亚对B2C的新规定将线下的大部分业务定义为数字交易，包括远程业务如电影、音乐、电子书、应用程序等，这些都是由澳大利亚本地客户通过网络收看或下载，以此扩大跨境数字交易范围。

（3）设置境内外双向税收监管模式

自2018年7月起，澳大利亚将跨境数字平台视为增值税纳税人，并在境内外开展双向增值税监管。对于境内平台，澳大利亚规定当平台境内销售额超过7.5万澳元时，必须取得相关纳税证明，缴纳增值税，其中从事跨境数字服务的供应商则不需注册。为确保这一新监管政策的顺利实施，澳大利亚税务局已联系超过5 000家外国供应商，要求其在澳大利亚开展数字业务时办理登记注册，并依据银行详细信息和财务数据来监控跨境交易。对于境外平台，澳大利亚规定对销售到境内的数字产品和服务进行征税，具体征税方式为：B2B模式下，若境外供应商在澳大利亚有常设机构，则由该常设机构代境内公司纳税，反之则由境内企业自行缴纳；B2C模式下，若境外供应商符合增值税规定，则须按照当地规定缴纳增值税。

2）新西兰

（1）数字产品和数字服务的探讨

新西兰作为现代增值税制度的典范国家，并未针对数字产品与数字服务设立特别规则，而是将其与传统货物和服务同等对待，统一遵循增值税的一般法律规定。新西兰将数字服务视为远程服务的一个重要组成部分，远程服务指的是服务提供商与服务接收者身处不同地点，服务接收者能够在远离服务提供方的位置享受所提供的服务。在远程服务的范畴内，可以进一步细分为数字服务与非数字服务两大类。数字服务涵盖了电子专辑、电子书籍、软件程序等数字化内容；而非数字服务则包括传统的法律咨询、会计记账、装修设计等传统意义上的服务项目。新西兰的这种分类处理方式，体现了其增值税制度对于不同服务形态的一体化和包容性管理策略。

（2）确定消费地征税原则

新西兰在应对数字经济带来的冲击时，并没有选择制定新的税种，而是继续沿用以往增值税的法律规定。不过，在跨境B2C模式下，若是境外企业向境内个人售卖数字产品和服务，对于消费地的确定，新西兰有着自己的考量并做出了许多细化的规定。比如，可以通过数字交易发生时，消费者所在的IP地址以及所填写的收货地址来确定消费者所在地为新西兰境内，并且新西兰还赋予了所在地税务机关对消费者所在地进行识别判断的自主权。

2.2.4 数字经济下增值税制度和征管建设的共性认识

1）对数字产品和数字服务进行明确定义

对数字产品和服务进行清晰界定是完善增值税体系的第一步，唯有概念明晰，方能推进后续改革的有序进行。为此，国际组织与各地区积极响应，采取了相应措施：在渥太华会议上，OECD提出，在线销售数字产品和服务应被视作提供应税服务；欧盟则在2000年的委员会提案中，将数字产品归类为服务，并在增值税法律框架内明确了其服务属性；新西兰则未针对数字产品与数字服务设立专门规则，而是将其视为远程服务的一个细分领域。随着数字经济的蓬勃兴起，数字产品和服务的内涵日益丰富和扩展。尽管各国和地区在界定方式上存在差异，但它们都在积极适应数字经济的新特征，以确保增值税体系的公平性与有效性。这一努力不仅体现了对新兴经济形态的深刻理解，也彰显了各国在面对数字经济挑战时的灵活性与创新性。

2）遵循消费地征税原则

OECD于2017年发布的《国际增值税/货物劳务税指南》虽几经更新，但在跨境数字交易税收管辖权方面，一直坚持采用消费地原则。欧盟、澳大利亚、新西兰等国家也都遵循这一原则。相较于生产地原则，消费地原则在跨境数字交易中更具优势。它更契合数字经济的全球性和灵活性，因为数字服务和产品的交付往往跨越国界，生产地难以明确界定。而消费地原则将消费发生地作为税收归属地，能有效避免双重征税和税收漏洞，同时确保所有企业在同一消费地面临统一的税收规则，促进公平竞争。

3）明确增值税纳税人和扣缴义务人

确定纳税人及扣缴义务人是构建增值税征收机制的关键环节，但在跨境交易中，交易的跨境性、虚拟性以及参与方的复杂性，使得明确征管对象面临诸多困难。近年来，国际增值税改革的实践普遍表明，各国逐渐将纳税人及扣缴义务人的责任重心转移至第三方平台。在不同的商业模式下，责任分配也有所区别：在B2B模式下，跨境交易多采用反向征收机制，即纳税义务从卖方转移至买方，由买方负责增值税的申报与缴纳。而在B2C模式下，交易则更多依赖第三方平台的代扣代缴责任，平台需承担代扣代缴义务，确保增值税的合规缴纳。这种模式在许多国家已得到广泛认可和实施。通过这种机制，各国在应对跨境交易增值税挑战时，既提高了征管效率，又降低了纳税人的遵从成本，为跨境交易的健康发展提供了有力支持。

4）普遍适用增值税简化登记注册制度

在税收实践中，为降低中小企业的税收遵从成本，许多国家引入了增值税简化登记注册制度。目前，该制度主要分为两种类型：一种是对于年营业额低于特定门槛的企业，免于进行增值税登记注册，同时免征增值税；另一种是销售方虽需履行增值税登记注册义务，但若其营业额未达到一定标准，则可免征增值税。此外，不同类型的货物和服务所适用的增值税起征点也存在差异。

5）强化数字化征管与加强多边合作

随着信息化和数字化技术的快速发展，全球各国在税收征管方面也逐步实现了信息化和智能化，特别是在增值税的监管方面。在此背景下，许多OECD成员国已经出台或计划出台新法规，要求纳税人实时申报增值税应税交易信息。这些规定要求纳税人向税务机关提交详细的交易数据，涵盖发票信息、交易细节、货物或服务的类型、金额等关键信息。此外，还包括其他能够辅助税务机关精准识别交易并判断纳税义务的各种数据，如支付方式、交易双方的身份信息等。通过这些举措，税务机关能够更高效、准确地追踪和核实税务数据，提升税收征管的透明度和公正性。未来这种信息化、数字化的税收管理模式将更加普及，并在全球范围内形成更为统一的税收管理体系。

2.3 数字经济下我国增值税税收制度面临的挑战

数字经济的崛起是当今时代最具变革性的经济现象之一，它以数字技术为核心驱动力，重塑了全球经济的运行模式和交易形态。然而，这一深刻变革也给传统的税收制度带来了前所未有的挑战。增值税作为我国税收体系中的重要组成部分，其制度设计在数字经济背景下暴露出诸多不适应性，亟须深入剖析和系统性改革。

在数字经济时代，交易模式的虚拟化、跨境化以及交易主体的多样化和复杂化，使得增值税制度的核心要素——纳税主体、征税对象、税率、纳税义务发生时间与纳税地点都面临着前所未有的挑战。纳税主体的认定因交易的匿名性和跨境交易的复杂性而变得模糊不清；征税对象的范围因数字产品和服务的特殊性而难以明确界定；税率的适用因数字经济的无形性和多业态融合而出现差异和不确定性；纳税义务发生时间和纳税地点的确认则因交易的虚拟性和跨境性而变得复杂且难以把握。

本节将深入探讨数字经济下我国增值税税收制度所面临的挑战，从纳税主体、征税对象、税率、纳税义务发生时间和纳税地点四个方面展开分析，揭示现有制度在适应数字经济转型中的困境和不足，为后续提出针对性的改革对策奠定基础。

2.3.1 纳税主体方面

增值税的纳税主体是指在增值税应税交易中承担增值税缴纳义务的经济主体。然而，随着数字技术的广泛应用，跨境电子商务、数字交易日益频繁，交易模式和参与方的复杂性显著增加。这使得在数字经济背景下，如何准确界定纳税主体成为税收管理中的关键问题。

1）纳税主体认定问题

由于数字经济活动的隐蔽性和虚拟化特征，税务部门在识别纳税主体时面临诸多挑战，尤其是对于个人和小规模纳税人。首先，多样性和匿名性是导致纳税主体难以确定的主要因素之一。在传统经济中，增值税纳税主体主要是生产和销售商品的企业，但在数字经济中，纳税主体呈现出多样化特征，不仅包括传统企业，还涵盖了互联网企业、电商平台、网络自媒体等新兴主体。数字交易全程在线进行，交易双方可利用技术手段隐藏真实身份、所在地和IP地址，这使得税务机关难以准确甄别和识别纳税主体。其次，随着平台经济的快速发展，许多自然人商户借助平台进行商品销售。自然人通过一个ID账号即可成为经济主体，但部分自然人商户未在税务机关进行注册登记，导致其未被纳入税务监管范围，自然人涉税信息采集难度较大。最后，数字经济中的交易数据具有海量、虚拟和分散的特点。这些交易的涉税数据与平台的商业数据难以区分，平台企业往往将这些数据视为企业管理数据或商业秘密，不愿主动共享给税务机关，这进一步加大了纳税主体的认定难度。

2）跨境交易纳税主体认定问题

跨境数字经济交易涉及多个国家和地区，其纳税主体的确定成为当前税收征管的一大难题。一是传统纳税主体识别模式的局限性。传统的基于物理存在和固定经营场所的纳税主体识别模式在数字经济中往往难以适用。因为许多跨境交易参与方均没有明确的实体店面或稳定经营场所，其真实身份和业务属性难以通过常规手段核实，这使得纳税主体的确定变得更为复杂。二是多重交易链条的复杂性。数字经济的发展使得产品和服务能够通过互联网实现跨国流通，国外供应商与国内消费者之间可直接完成交易，也可通过国内中介或分支机构间接操作，而最终消费者可能是企业，也可能是消费者个人，交易过程中可能涉及App市场、网络服务供应商、在线支付商等，交易链条上参与主体众多，责任划分模糊，增值税纳税主体的界定面临困难。与此同时，不同国家税制及征税标准存在较大差异，跨境交易中税收管辖权的划分问题尤为突出，容易形成监管漏洞。三是缺乏统一的数据采集和信息传递标准。各国在数据采集、信息传递和税务监管方面缺乏统一标准。跨境电子商务平台所产生的交易数据分散在不同系统中，税务部门难以及时、全面地掌握实际交易情况。

2.3.2 征税对象方面

征税对象，即征税客体，指的是税法规定的征税范围，是征纳税双方权利义务共同指向的客体或标的物。在数字经济背景下，征税对象的界定变得更加复杂。

1）数字产品征税问题

《中华人民共和国增值税法》规定，增值税的应税交易涵盖销售货物、服务、无形资产以及不动产等诸多领域。本书认为，数字产品在现行立法框架下，可归类于货物与无形资产的范畴。具体而言，数字产品是指以数字形式存在的、可以通过网络传输和存储的各类商品和资产，例如电子书籍、数字音乐、软件产品、影视作品、数据库等均属于数字产品的典型代表。这些数字产品既可能因其可下载性等特点被视为货物（如可下载的软件产品），也可能因其使用权等属性被视为无形资产（如在线数据库的使用权）。

在现行税收立法中，货物和无形资产的税收规则存在差异，我国尚未对数字产品形成统一的界定和归类。这导致在增值税征收过程中，部分数字产品的征税标准不明确，甚至可能出现特定数字产品游离于增值税征收范围之外的情况，进而引发征税不公平的问题。

2）数字服务征税问题

与数字产品相对应的是数字服务，数字服务是数字经济中以数字技术为基础，通过互联网或其他数字平台提供的各类服务，其核心在于利用数字技术实现服务的交付、交互和价值创造。数字服务的范围广泛，涵盖了多个领域，包括但不限于在线教育服务、云计算服务、数字广告投放、在线支付服务、社交媒体服务、远程医疗服务、数字内容创作服务等。这些服务通常具有高度的灵活性、可扩展性和跨境性，使得其征税对象的界定面临诸多困难。

数字经济下的服务（如在线广告、云计算、大数据服务等）具有无形性和跨境性，其征税对象的界定存在困难。在数字经济时代，产品与服务之间的界限日益模糊。有些交易类型既是商品又是服务，而且界限极其模糊，税务机关不可能对其所有的销售额都按照某一类税种征税。在线广告是数字经济中一个典型的无形且跨境的服务形式。企业通过互联网平台（如百度、阿里巴巴、腾讯等）购买广告位并投放广告，这些广告可能是文字广告、视频广告或展示广告等。虽然广告本身是“服务”，但它通常伴随商品销售，尤其是在电商平台中，广告的投放可能直接与商品的销售挂钩。云计算服务（如阿里云、腾讯云等）也是数字经济中日益重要的一部分，企业和个人通过云平台租用服务器、数据存储和计算能力等服务。虽然云计算服务在形式上属于“服务”，但它涉及的基础设施、硬件以及数据存储本身也带有某些“商品”性质。比如，云计算平台提供的云存储不仅仅是软件服务，背后还需要硬件支持。

3）数据价值确定问题

（1）产权归属不明导致纳税主体难以识别

在传统经济中，商品和服务的增值额较为直观，增值额的计算也相对清晰。然而，在数字经济中，商品和服务的内涵转变为虚拟数据，其增值额的计算变得复杂。数字经济中的增值过程往往涉及多个主体和环节，难以明确具体的收益对象，从而导致利益分配不清晰，纳税主体难以准确识别。

此外，数字经济中的数据增值还可能涉及消费者的参与。例如，线上打车软件会收集消费者的常去地点和打车足迹作为数据资料，这些数据的增值内容中也包含了消费者的部分贡献。这种复杂性使得数字产品和服务的增值额难以通过传统方式确定，需要借助技术手段进行分析和计算，进而导致增值税的有效征收面临挑战。

（2）价值量化不准致使税基难确定

就数据要素的定价而言，由于其无形、虚拟、零成本重复利用和实时性，使得其价值难以量化。随着数字经济与传统实体产业的深度结合，无形的数字产品和服务日益普及，形成了规模庞大的数字经济产业。无形性使得其价值难以确定，造成其收益与成本也很难确定。消费者和生产者的边界变得越来越模糊，现有核算体系和方法很难对消费者参与到研发与设计活动中所产生的收益进行精准评估，从而导致了对数字经济税基的低估。而且数字资产的价值并不是一成不变的，它在不同的消费市场和应用场景中的价值是不一样的。

（3）征管技术滞后难以适应数据要素课税的需求

数据要素交易的虚拟性和隐蔽性等特点，使得其交易行为难监控、交易对象难锁定、交易主体难以界定，加大了税务机关的管理难度。数据资产定价需要海量的数据支持与科学的计量手段，在现有稽查工具和技术条件下，税务机关无法有效获取数据要素的涉税信息。目前我国各研究和统计机构对数字经济的估算体系进行了初步探索，但难以建立标准规范的核算体系，估算结果存在较大差异。现有的传统核算体系难以对其产生的价值进行精确测算。

2.3.3 税率方面

税率是计算税额的尺度，也是衡量税负轻重的重要标志。在数字经济背景下，税率的确定和适用面临新的挑战。

1）税率差异问题

数字产品因其非物质性、可复制性和非磨损性等独特属性（诸如软件、电子书等），难以直接套用基于实体货物形态的税目分类标准。举例来说，财政部、税务总局《关于延续宣传文化增值税优惠政策的公告》（财政部、税务总局公告2021年第10号）明确规定，图书在批发和零售环节可享受增值税免征待遇，而电子出版物则需按照9%的税率缴纳增值税。同样，财政部、税务总局《关于延续实施支持文化企业发展增值税政策的公告》（财政部、税务总局公告2023年第61号）也明确指出，传统的电影放映服务在农村地区可免征增值税，在城市则按3%的征收率征税，但通过互联网平台传播的电影则需按6%的税率征税。此外，同一款软件，当其以光盘形式销售时，被归类为“音像制品”，需适用13%的增值税率；而若以在线下载的形式提供，则可能被视作“信息技术服务”，仅需适用6%的税率。这种税率差异的根本原因在于，《中华人民共和国增值税法》对于“货物”

与“服务”的界定仍然过分依赖于物理载体，未能充分考虑到数字内容的本质特征和价值所在。这种分类方式不仅导致了同类产品在税负上的不公平，甚至可能使得部分数字产品被错误地排除在增值税的征收范围之外，从而影响了税收制度的公平性和有效性。

2）税率适用问题

数字经济产业以其业务模糊性为显著特征，随着其持续演进，多业态融合的趋势愈发显著，不断催生出新颖的业务模式与经济形态。这些新兴模式与业态往往深度融合了多种传统业务模式和经济形态，打破了传统业务范围的界限，使得业务边界变得愈发模糊，进而引发了一系列关于税率确定等方面的难题。以“腾讯”网络平台为例，个人用户在该平台观看电影时，若通过付费成为VIP会员观看，则这一行为可被视作“腾讯”销售无形资产；然而，若网络平台采取按影片定价收费的方式，则应属于现代服务中的广播影视服务，即通过互联网播放影视作品。这种差别处理是否合理，有待思考。再以爱彼迎（Airbnb）为例，其营业执照上注明的经营范围包括旅游信息咨询，但在其App上，除了旅游住宿服务外，还推广了美食等多样化内容。在确定其应纳税种和税率时，究竟是按照信息咨询服务还是旅游服务业来纳税，这一界限亟待进一步明确。这些实例充分展示了数字经济产业在税率确定方面所面临的复杂性与挑战性。

3）增值税税率结构问题

我国当前增值税采用多档税率，虽在一定程度上对不同行业的税负具有调节作用，但实际效果并不理想，主要体现在以下三个方面：

一是行业边界模糊，税负不公平。数字经济背景下，企业业务模式日益复杂，多重业务并存，行业边界逐渐模糊且难以界定。多档税率的存在导致同业不同策的现象频发，同一业务在不同地区或不同企业可能适用不同税率，扭曲了市场公平竞争的环境。

二是税收超额负担增加。多档税率并存显著增加了纳税人的税收超额负担。企业需要为不同税率的应税产品设置不同的账簿，增加了财务核算和税务申报的复杂性。纳税成本的上升不仅可能助长纳税人的逃税心理，还会导致行业偏差，阻碍资源的有效配置。

三是多档税率也给税务工作带来了诸多挑战。一方面，税率差异导致税收征管难度大幅增加，税务检查和稽查的工作量显著上升；另一方面，复杂的税率结构容易引发税收管理混乱，影响增值税抵扣链条的完整性，降低税制科学性和税负公平性。

综上所述，现行多档税率的增值税税率结构在数字经济背景下暴露出诸多问题，亟需通过税率简并等改革措施加以优化，以提升税收中性，促进市场公平竞争，降低征纳成本。

2.3.4 纳税义务发生时间和纳税地点方面

1）纳税义务发生时间问题

首先，数字经济促使跨境交易和电子商务迅速发展，涉及不同国家和地区的税务管辖与税收政策差异。对于跨境电商交易，特别是B2B和B2C的交易形式，传统的增值税征收模式存在适应性问题。例如，跨境商品和服务的交易可能涉及不同时间点的纳税义务问题，如何界定纳税义务的发生时点，尤其是在交易发生地点不确定的情况下，成为了一个难题。

其次，数字平台（如在线购物平台、共享经济平台等）往往通过电子支付方式完成交易，这使得交易的发生与资金流动、商品或服务交付之间的关系更加复杂。例如，当用户通过平台支付款项时，税务机关如何确认交易是否完成以及何时开始计算增值税是一个棘手的问题。不同平台对于交易的结算时间、商品交付时间以及付款时间的记录方式不一，可能会导致增值税纳税义务发生时点的认定不一致，增加了税务管理的难度。

此外，交易环节的虚拟化使得原本的判定方式逐渐失效。传统的增值税规则通常依赖于“货物交付”或“服务完成”来作为纳税义务的触发点，然而在数字经济中，交易往往表现为数据流与资金流的异步性，导致传统规则难以适用。以在线教育平台为例，许多平台采取“预付费+分阶段解锁课程”的商业模式，消费者预付全年费用后按月获取课程内容。这种模式下，传统增值税规则显然难以适用。根据《中华人民共和国增值税法》，预收款方式下纳税义务发生于“货物发出当天”，但数字课程无实体交付，税务机关很难依照传统的“交付”标准来判定纳税时点。实践中，部分平台通过拆分合同将预收款记为“会员费”而非课程销售收入，导致税款缴纳延迟6～12个月，给税务机关的管理带来了极大的难度，也影响了税收的及时性和准确性。

2）纳税地点确认问题

由于数字经济活动的隐蔽性和虚拟化，纳税地点的确定变得更为困难。数字经济中的虚拟商品和服务交易常常跨越国界，消费者和供应商的所在地并不局限于同一国家或地区，导致同一交易可能会涉及多个税务管辖区。同时，因为不同国家和地区的增值税政策和税率差异，跨境交易的纳税地点的确定可能会产生冲突。

此外，数字经济中的交易以其隐匿性和高度流动性为显著特征，其中数字化的虚拟产品和作为可编码为二进制流的交换物，其产生、传输、接收及存储均能以电子数据的形式在网络环境中完成，不需交易双方的实际接触。这种交易模式彻底打破了传统交易所受的物理与空间限制，使得交易能够跨越时空界限，随时随地轻松达成，这无疑进一步增加了纳税地点确认的复杂性。更为棘手的是，交易主体的服务器或网页地址能够轻易地从一个国家迁移至另一国家，这种灵活性进一步模糊了地域界限。跨境电商和数字服务供应商往往依据用户注册时提供的地址、IP地址或信用卡信息来判定消费者所在地，但这些依据的准确性和可靠性却备受质疑，时常引发争议。《中华人民共和国增值税法》对我国的增值税纳税地点进行了规定，规定局限在机构所在地、货物销售地、应税交易发生地、居住地及报关地海关。这些纳税地点的规定对跨境数字交易的适用程度有限，从而增加了交易主体的隐蔽性。这给确定数字产品及服务的纳税地点带来挑战。

2.4 数字经济下完善我国增值税税收制度的对策及建议

增值税作为我国重要的税种，在数字经济背景下，其税收制度的适应性问题日益凸显。纳税主体认定困难、征税对象模糊、税率结构复杂以及纳税义务发生时间和纳税地点难以确定等问题，不仅影响了税收征管的效率与公平性，也制约了数字经济的健康发展。

在此背景下，如何完善我国增值税税收制度，使其更好地适应数字经济的发展需求，已成为亟待解决的重要课题。本节将围绕这一核心问题，从厘清纳税主体、明晰征税对象、完善税率结构以及明确纳税义务发生时间和纳税地点方面展开深入探讨，提出针对性的对策与建议，以期为我国增值税制度的优化提供有益的参考，推动数字经济与税收制度的协同发展。

2.4.1 厘清纳税主体，明确界定标准

1）解决纳税主体认定困难问题，特别是降低跨境交易纳税主体的复杂性

随着数字经济的快速发展，平台经济、共享经济和零工经济等新

型经济形态不断涌现，各类电商平台作为流量入口和交易场所，应成为代扣代缴的主要对象。《国际增值税/货物劳务税指南》也建议强化数字平台的代扣代缴义务。数字平台作为数字化发展的重要载体，具有掌握纳税人涉税信息、交易对象和交易资金等方面的优势。因此，可以借鉴欧盟的做法，将中间主体纳入增值税纳税主体范围，使其与数字产品和服务的生产者承担同等的纳税责任。建议对《增值税一般纳税人资格认定管理办法》（国家税务总局令第22号）进行补充，制定实施细则，将中间主体的平台也列为一般纳税人的范围。建议税务机关与第三方平台实行信息互通，明确平台数据的权利主体，尤其是涉及增值税征收的相关数据，给予税务部门一定程度获取信息的权限。

为应对数字经济中隐蔽性强、虚拟化交易频繁等问题，税务机关需加强大数据、人工智能等技术的应用，特别是对虚拟交易和跨境交易中难以确认的主体。通过比对交易行为、IP地址、支付账户等信息来识别交易方的身份，解决虚拟交易中的匿名性问题。对于自然人商户，建议通过平台的实名注册系统和交易行为的追溯机制，探索开发“自然人经营主体自动登记系统”，实现平台注册与税务登记无缝对接，强化对其税务登记和税务监管的力度，减少逃税现象。同时，应优化跨境税收协作机制，与其他国家或地区的税务部门建立更加紧密的合作关系，形成跨境税收信息共享机制。通过多国间的数据交换平台及时获取交易数据和纳税信息，简化跨境交易中的纳税主体认定流程，降低跨境交易税收征管的复杂性。

2）制定清晰的纳税主体界定标准，确保税收公平与效率

如果我国明确要对境内和跨境数字交易征收增值税，有关增值税纳税人的定义需要进行以下两方面修订：

一是明确应税行为范围。建议明确包括销售数字产品和数字服

务。数字产品涵盖网站、数据库、程序、软件、图像、文档、信息、音乐、电影、游戏、电子图书、在线杂志等；数字服务则包括网上研讨会、远程教学、健身教练应用程序等。这一修订旨在适应数字经济的发展，确保增值税的征税范围能够涵盖新兴的数字交易形式。

二是明确跨境交易纳税主体。进口服务（包括数字化服务）和数字产品的单位，以及向我国境内个人消费者提供服务（包括数字化服务）和数字产品的境外供应商，应明确为我国增值税的纳税人。

通过上述修订，我国增值税法将更好地适应数字经济的发展需求，能够更好地完善对数字交易的税收征管体系，同时降低纳税人的遵从成本，促进数字经济的健康发展。

2.4.2 明晰征税对象，细化分类规定

1）针对数字产品和服务征税的模糊性，明确数字产品和服务的征税范围

面对数字化商品的不断涌现，我国增值税制度中对数字产品和服务的课税对象范围亟待明确。为适应数字经济的发展，建议参考OECD和欧盟的界定方式，采用“基本要素定义+清单列举”的方法来明确数字产品和服务的范围。具体而言，数字产品和服务应满足以下条件：首先，该产品或服务必须通过互联网或其他网络提供，具有网络依赖性；其次，在缺乏信息技术的情况下，无法提供该产品或服务，体现出技术必要性；最后，数字产品和服务需通过自动化流程提供，尽量减少人工干预。通过这些基本要素的定义，可以清晰地界定数字产品和服务的核心特征，为增值税的课税对象提供明确的判断标准。

在清单列举方面，应全面列举目前已知的数字产品和服务，如网站、数据库、程序、软件、图像、文档、音乐、电影、游戏、电子图

书、在线杂志等，以及数字服务如在线教育、远程医疗、健身教练应用程序等。同时，需密切关注跨境数字交易中出现的新产品和服务，对清单进行动态管理，及时纳入新出现的数字产品和服务。然而，在清单列举过程中，可能会出现滞后于数字经济发展的现象。此时，税务机关应结合上述“三要素”对课税对象的范围进行界定，确保增值税制度能够及时适应数字经济的变化。

通过上述两种界定方式的结合，可以有效减少税务机关在执行增值税政策时的不确定性，降低主观判断的随意性，从而减少征管成本，提高征管效率。然而，数字经济的快速变化可能导致规则更新滞后于数字产品的创新。因此，在税务机关执法过程中，应充分尊重其自由裁量权，允许其在一定范围内对数字化商品进行解释。同时，需谨防自由裁量权的滥用，建议参考已规模化确认的数字产品，在我国增值税制度范围内进行合理确认。综上所述，明确数字产品和服务的课税对象范围，既能确保增值税制度适应数字经济的发展，又能减少税务机关在执行过程中的不确定性，同时需平衡自由裁量权的合理运用，以实现税收征管的公平性和效率性。

2）探讨数据与价值增值部分的课税难题，确保税收合理性

数据要素课税存在产权归属、价值计量、征管滞后等多重困境。根植于税收中性与税收公平原则，本书认为应从法制约束、流通制度、价值类型、监管机制四个方面厘清数据课税的内在逻辑。

首先，完备的数据涉税法律法规是对数据顺利征税的基本前提。建立健全数据要素基本法律制度，在制定数据要素保护法和安全法的基础上，对不同类型的数据要素进行法律规定和划分，对一般数据、敏感数据、个人数据、企业数据、公共数据等进行清晰界定，明确其属性、权利边界和使用义务，从法律层面为数据要素的产权归属划分提供制度支撑。建立健全数据要素收益分配制度，保

护数据要素提供者、处理者、使用者的合法权益，促进数据要素经济收益在各方主体之间的合理分配，为纳税人的认定提供依据。

其次，量化价值的数据作为课税的核心。在数据定价上，学习和借鉴其他国家数字经济的测算方法，构建具有中国特色的数字经济理论和测度体系。在数据资产交易过程中，建立数据资产评估指标体系，按照“实质重于形式”的原则，依托国家数据统计部门设定的评估体系对特定数字经济活动和数据资产进行合理定价。充分考虑在交易、转让过程中的权属流转变动，根据不同产权主体在价值创造过程中的实际价值贡献程度来确定实际受益人，并采用一种动态的估价方法，设计出差别化的解决方案，使数据资产课税更加真实、公平、可靠。

最后，数据课税的关键保障是税收能够被全面监督与稽查。综合运用大数据、区块链、人工智能等新质生产技术，推进税收征管数智化转型升级，建立各部门之间的信息共享机制和数据要素相关商品及服务交易的认证与追溯系统，对数据要素的涉税信息、交易动向、价值创造节点进行有效获取和追踪，进而锁定数据要素纳税人、确定数据要素计税依据，实现对数据要素税收的有效征管。

2.4.3 完善适用税率，优化税率结构

1）统一界定数字经济交易，明确适用税率

鉴于数字产品和服务同样具备无形性的共同特征，多数国家倾向于将这两者合并定义。在那些仅设有一档增值税税率的国家，数字产品和服务与传统货物均适用相同的税率，不存在税率差异的问题。然而，在我国当前的增值税制度框架下，应税项目被明确区分为货物和服务两大类，且这两类项目所对应的税率档次存在差异。若将数字产品与数字服务统一归类为服务，并按照服务所适用的税率征收增值

税。这种做法可能会削弱增值税的中性作用，并可能引发不公平竞争的问题。

在构建税率适配规则过程中，建议可采用“三阶匹配法”实现数字交易与实体税目的精准对接。该方法通过交易目的、交付形式、使用场景三个维度的综合分析确定适用税率：首先依据交易目的判断其经济实质是否构成对实体商品或服务的替代，其次通过交付形式确认数字化特征，最后结合使用场景锁定应税属性。例如，在企业采购云端设计软件的场景中，其交易目的是替代本地安装的设计工具，交付形式为在线订阅模式，使用场景聚焦工程设计领域，三阶匹配法表明该数字服务与技术服务具有功能等同性，故建议匹配6%的税率。而在消费者购买虚拟演唱会门票的交易中，虽以实时直播形式交付，但其核心目的在于替代线下演出消费，且使用场景仍属文化娱乐范畴，因此同样适用6%的文化体育服务税率。这种分层递进的判定逻辑，既保持了税制对技术形态创新的包容性，又通过实质功能对比确保了税率适用的准确性与公平性，有效维护了增值税的中性原则。

2）根据数字经济特点，调整税率结构

随着数字经济的快速发展，传统税率结构面临诸多挑战，尤其是多档税率系统的复杂性，给税务管理和纳税人带来了诸多负担。为应对这一问题，需要根据数字经济的特点进行税率结构的优化，具体建议如下：

第一，基于效率原则，应逐步简化现有的多档税率结构。当前，增值税多档税率虽然在一定程度上对不同行业和消费需求起到调节作用，但过多的税率档次带来了高昂的征管成本，且难以准确适应数字经济中跨行业、多元化的商业模式。因此，建议在数字经济背景下，逐步减少税率档次，缩小不同税率之间的差异，避免不同业务模式在税收上受到过度调节，减少税率档次还能够消除因行业边界模糊带来的税务执行难度，增强市场竞争的公平性，从而降低税务征管成本，提高税务效率。

第二，在税制优化过程中，应该充分考虑数字经济的特殊性，特别是在信息技术与平台经济的快速发展下，税制应更加灵活，以适应新兴行业的变化。尽管统一税率有助于提高税制效率，但也需要保留一定的差别化税率结构，用以调节市场需求和消费行为。

2.4.4 明确纳税义务发生时间与纳税地点

1）确定纳税义务发生时间，保障公平性

在数字经济的快速发展背景下，税收管理面临新的挑战。为确保增值税税收制度的有效性和公平性，需要对纳税义务的发生时间进行明确界定。以下是针对这一问题的具体建议：

一是加强国际合作，共同确定跨境交易纳税义务发生时点。在跨境交易中，不同国家和地区的税务管辖、税收政策和纳税时间规定可能存在差异，这使得跨境交易的纳税时点认定更加复杂。建议通过多边或双边税收协定，明确跨境交易的纳税义务发生时间标准，统一相关规则，减少因政策差异导致的税收争议和双重征税问题。

二是引入数据流与资金流的同步性判定。传统的增值税规则侧重于“货物交付”或“服务完成”作为纳税义务的触发点，但数字经济中的交易通常表现为数据流和资金流的异步性，无法依靠交付或完成的标准来判定纳税时点。因此，应结合数字产品的特性，针对数据流与资金流的实际完成时间进行纳税义务的判定。例如，可以设立“数据内容交付完成时间”作为新的一种判定标准。

三是推动交易平台数据的统一和透明化。由于不同平台对于交易结算时间、商品交付时间及付款时间的记录方式各不相同，这增加了税收管理的复杂度。为此，建议加强对平台数据的统一管理和透明化要求，促使各大电商平台和共享经济平台等建立统一的纳税义务报告机制。通过实时共享交易完成的关键信息，税务机关能够更准确地把握交易发生时间，从而更加高效地确认纳税义务。

2）完善纳税地点的规定，增强可操作性

目前，传统的增值税纳税地点规则已难以有效适应跨境数字交易的复杂性和灵活性。因此，应通过完善相关规定，提高其可操作性，以有效应对数字经济带来的挑战。

首先，建议采用“消费地原则”作为跨境数字交易的纳税依据。针对跨境数字交易中纳税地点难以确定的问题，应借鉴国际经验，确立“消费地原则”作为基本纳税规则，即数字产品和服务的增值税应缴纳至最终消费发生地。这一原则能够有效减少税收管辖权冲突，并确保税收负担的合理分配。

其次，建议制定详细的跨境数字交易判定标准。例如，综合使用消费者的IP地址、设备位置、支付方式信息、账单地址等多维度数据来判定其所在地。同时，可以引入区块链技术或其他可信数据存证机制，提高数字交易追踪和纳税地点认定的透明度和准确性。

最后，建议扩大纳税地点的定义，使其涵盖基于互联网的交易行为。《中华人民共和国增值税法》的纳税地点规定仍然以实体经济为基础，未能充分考虑数字经济的特殊性。具体而言，应明确规定在数字经济交易中，纳税地点应根据交易的性质和实际发生地进行判定，以确保税收征管的公平性和有效性。因此，建议后续增值税相关法律法规可以进行补充，扩大纳税地点的定义，使其涵盖基于互联网的交易行为。

2.5 数字经济下我国增值税征管面临的挑战

在数字经济蓬勃兴起的时代背景下，我国的增值税征管正遭遇前所未有的机遇与挑战并存的局面。随着数字技术的广泛渗透与经济活动的全面数字化转型，传统的税收征管模式、理念及技术手段逐渐显现出诸多不适应之处。一方面，数字经济的复杂性与虚拟化特征导致纳税主体的遵从意愿减弱，税收征管的难度大幅攀升；另一方面，跨境数字交易的蓬勃涌现与国内数字交易格局的深刻变革，对传统的增值税征税原则构成了直接冲击，使得税收征管的法律依据与实践操作层面涌现出众多模糊地带。此外，信息技术的日新月异对税务机关的征管能力提出了更为严苛的要求，然而，当前的技术支撑水平与信息共享机制尚存诸多短板，难以充分满足数字经济时代税收征管的新需求。

本节旨在深入剖析数字经济背景下我国增值税征管所面临的一系列严峻挑战，涵盖税收治理理念的滞后性、纳税主体遵从度的欠缺、纳税服务平台功能的局限性、数字交易征税原则的模糊性、传统征管模式的不适应性、税务机关信息技术水平的滞后，以及涉税信息获取与共享机制的瓶颈等关键问题，以期为完善我国数字经济时代的增值税征管体系提供有益的参考和建议。

2.5.1 税收征管服务质量有待提升，数字交易纳税遵从度不高

1）税收治理理念尚未深入人心

数字经济的发展深刻改变了税收征管理念，促使征纳双方关系从传统的对抗模式逐渐向利益共同体、相互合作的模式转变。然而，税务机关与纳税人对这种关系转变的认识仍显不足，税收治理的社会价

值观念尚未全面铺开。多数纳税人尚未充分意识到履行纳税义务的重要性，导致纳税遵从度不高，积极性和自觉性不足。

同时，多数税务机关仍停留在传统的“单向征管”模式，尚未完全转变为以服务理念为核心的双向征管模式，缺乏以“价值理性”为驱动力，主动追求自身税收利益的意识。这种现状不仅影响了税收征管的效率，也阻碍了税收治理现代化的进程。

2）纳税主体自愿遵从度不足

当前纳税主体的自愿遵从度不足，尤其在买方缴纳增值税的场景中，问题较为突出。买方缺乏及时申报税务活动的内在动力，而多数线上交易平台并未提供税务登记服务，导致商家进行税务登记时需承担额外的遵从成本。这种额外负担不仅增加了企业税务登记和纳税申报的成本，还可能降低纳税人的积极性和主动性。

其次，在增值税退税办理方面，数字经济的发展使得企业交易模式更加多样化，但增值税退税流程尚未完全适应这种变化。当前的退税流程仍较为复杂，涉及多个环节和大量的涉税资料报送。例如，企业在办理增值税留抵退税时，需要填写详细的申请表、上传附件资料，并经过多轮审核。这种复杂性增加了纳税人的遵从成本，降低了退税效率。

3）现有的纳税服务平台功能不完善

目前，信息化纳税服务平台虽已逐步建设完善，但在功能设计方面仍存在诸多不足之处。例如，部分平台的操作界面较为复杂，缺乏直观性和用户友好性，导致纳税人使用体验不佳。一些系统在界面布局、导航设计以及交互流程上未能充分考虑用户需求，使得用户在操作过程中面临诸多不便。而系统响应速度慢、操作步骤繁琐等问题也较为突出，这大幅度增加了纳税人的操作难度和时间成本。这些问题不仅影响了纳税人的满意度，也在一定程度上制约了信息化纳税服务平台的高效运行和推广使用。

此外，跨省异地纳税的电子化程度仍存在不足。尽管已有大量的商业银行支持跨省异地电子缴税业务，但仍有部分地方商业银行未接入该业务。税务系统中的银行网点信息每年更新一次，但银行网点的更新、撤并较为频繁，导致税务系统无法实时采集最新的网点信息。这使得纳税人在选择开户银行时，可能无法找到准确的网点信息，增加了操作难度。当纳税人无法找到实际开户银行时，系统会提供虚拟网点选项。虽然虚拟网点不影响三方协议的签约，但会影响退税操作。这意味着纳税人在办理退税时可能需要额外的手续或面临更复杂的流程。以上这些问题在一定程度上制约了纳税服务的高效化和便捷化，影响了纳税人的办税体验。

2.5.2 冲击增值税基本征税原则，消费地原则尚未全面落实

1）针对跨境数字交易的消费地原则尚未完全落实

在跨境交易的增值税管辖方面，国际上普遍采用消费地原则，即对出口货物与服务实行零税率政策，对进口货物与服务征收增值税。目前，我国在跨境货物交易中基本遵循消费地原则，进口环节征税，出口环节实行零税率。然而，在跨境服务和无形资产交易中，我国虽明确了进口环节的征税规则，但在出口环节仅对部分交易设置了零税率和免税政策。对于跨境数字交易，我国现行法律法规既未明确进口环节的征税规则，也未针对数字产品和服务的出口设置零税率或免税政策，导致跨境增值税征税原则存在模糊地带。这种现状在实践中引发了诸多税收问题：

一是易引发双重征税的问题。国际上普遍适用消费地原则，若我国在跨境数字交易中继续沿用现行增值税管辖权原则，且不明确征税规则，我国企业作为销售方可能按生产地原则被征税，而产品或服务

接受方所在国又按消费地原则征税，从而导致同一跨境行为被两国重复征税。这不仅削弱了我国数字产品和服务企业的国际竞争力，还可能引发国际贸易争端。

二是易增加跨国企业逃避增值税的可能性。各国增值税税率存在差异，若采用生产地原则，跨国企业可能倾向于将经营机构设立在低税率或有税收优惠的国家，以降低增值税负担。这种行为不仅影响跨国公司对经营地点的选择，还可能导致我国增值税流失。因此，生产地原则会影响跨国公司对设立经营地点的选择，导致增值税流失。

三是消费者实际消费的地点难以判定。在数字经济下，消费者实际消费地点难以明确界定。我国增值税法中对“完全在境外发生”的标准不明确，导致税务机关难以判断数字产品或服务的消费地。例如，某些服务可以通过互联网远程提供，消费者无需身处特定地点即可享受服务，这增加了税务机关对服务发生地的判断难度。此外，我国尚未针对跨境数字交易制定更细化的消费地判定标准，导致税务机关在监管中面临挑战。

综上所述，我国在跨境增值税征税原则上的模糊性，不仅增加了税收征管的复杂性，还可能引发双重征税、税收流失和监管失效等问题。因此，明确跨境数字交易的增值税征税规则，完善相关法律法规，与国际规则接轨，是当前亟待解决的问题。

2）针对境内数字交易的生产地原则难以适用

《中华人民共和国税收征管法实施细则》（2016年修订）明确指出，从事生产、经营的纳税人需在领取营业执照后的30日内，向其生产、经营地或纳税义务发生地的主管税务机关申报办理税务登记。这一规定彰显了我国增值税税收管辖主要遵循属地原则，即在生产经营地缴纳增值税，并由当地主管税务机关负责管理。

在传统经济模式下，企业或个人交易活动通常围绕实体场所展开，其生产经营活动局限于特定地理空间，交易过程具有可视化特点，交易来源也易于追踪和确定。因此，按照属地原则对传统经济主体征收增值税几乎不存在争议，也不会出现增值额发生地与税收来源地不一致的情况。

然而，在数字经济浪潮下，交易格局发生了根本性的变化。数字经济中的交易活动从线下扩展至线上，交易范围遍及全国，交易主体不再依赖实体场所，而是借助互联网平台，利用虚拟地址进行经济活动。在此背景下，交易发生地与企业注册地往往不在同一区域，传统的生产地原则已难以适用。一方面，提供产品或服务的公司注册地拥有增值税管辖权，而实际消费地却失去了管辖权，这可能导致税收来源地与缴纳地不一致的困境。另一方面，随着数字经济规模的不断膨胀，这种模式还可能加剧税收收入的地区不均衡问题。特别是当大量税收流向发达地区时，欠发达地区的税收收入将进一步缩减，从而加剧数字鸿沟，并可能触发地区间财力的马太效应，使国内各地区增值税归属问题愈发凸显。

以互联网企业为例，我国的互联网企业多集中在沿海地区，如福建、广东、海南等地，但其经济活动却覆盖全国。若按照生产地原则在其注册地缴纳增值税，将导致税收收入向沿海地区倾斜，使得税收与税源背离的规模不断扩大，进而加剧区域间横向税收分配的失衡。这一现象对数字经济欠发达地区显然有失公平，也可能对区域经济的协调发展构成不利影响。

2.5.3 税收征管模式存在漏洞，信息技术亟待提升

1）“以票控税”征管模式不再适用

传统税收征管模式大多遵循属地原则，从初始的税务登记，到发

票管理，再到税务稽查，都有一套较为严密的税务管理方式。然而，在数字经济环境中，由于数字经济交易具有高度的隐蔽性，使得税务征收较为困难，传统的“以票控税”的税收征管模式已经不再适用。首先，由于税务部门使用的发票软件种类繁多，交易复杂且联系不够紧密，使得发票软件不能准确整合交易信息，税收征管效率低下。其次，增值税数字化征管基础设施建设步伐有待强化，与数字经济相匹配的税控系统的更新换代技术、成本等难题仍未得到全面解决，这使得难以智能监控和分析税收来源、税收结构和变化。同时，由于票实不符、恶意篡改和销毁电子税收数据而产生的逃税行为也难以精细控制。最后，在店铺购买商品时，消费者个人往往不习惯主动要求开发票。缺乏基于发票的税收征收和管理方法，使得监管数字经济从业者变得困难，导致税收收入损失。

2）税务机关的信息技术水平亟待提升

数字化征管的推进以信息化平台为载体，其效用的发挥关键在于技术手段的充分运用。如果不能很好地依托数字化平台发挥其功效，数字化征管的效能会大打折扣。从目前的实践情况来看，增值税的电子申报已经取得了一定进展，申报系统也在不断设计与更新。目前，纳税人只需在既定技术规则的指导下操作，即可完成纳税申报。这种电子系统是在互联网经济的推动下产生的，在一定范围内确实提升了税收征管的效率。

然而，当前仍存在一些问题亟待解决。例如，在社会公众索要发票的意识普遍不强的情况下，部分线上平台未能及时获取交易数据，无法指导交易各方开具发票，甚至无法为纳税人提供电子发票的申领、开具、交付、查验等服务。这导致大量交易无票可查，增加了税收征管的难度。从整体来看，税务机关的信息技术水平亟待提升。税务机关需要进一步优化数字经济征管模式，提高税收征收和管理效率。

2.5.4 税收征管手段相对滞后，涉税信息获取效率较低

步入数字经济时代，政府已深刻洞察到数字技术对于推动政府治理体系和治理能力现代化的关键作用，并将数字政府建设视为改革的核心战略方向，全力加速推进。然而，社会的快速发展与变革使得政府各领域的数字化进程呈现出一定的滞后性，其中税收征管信息化的推进同样遭遇了瓶颈。在长期的税务信息化建设历程中，税务部门已积累了庞大且多维度的涉税数据资源。涉税数据在税收征管中始终占据着举足轻重的地位。从宏观视角审视，涉税数据不仅是提升税收征管能力的基石，更是税收征管信息化建设不可或缺的重要支柱；而从微观层面来看，涉税数据的运用贯穿于纳税申报与税收征管的每一个环节，其合理运用能够极大地提高税收征管的效率。但反之，若数据掌握不够全面，或数据使用方式不当，不仅会严重侵害纳税人的合法权益，还可能阻碍税收征管的正常运作，甚至诱发税收风险。当前，增值税税收征管信息化水平提升所面临的瓶颈主要聚焦于两大方面：一是税务部门自身的信息化水平存在局限，二是税收合作领域的信息化水平有待提升。

1）税务机关自身信息化水平不足

数字经济推动了新的商业模式和交易方式的产生，这些变化使得税务机关的监管面临前所未有的挑战。由于数字经济公司的跨国、跨地区运营特征，企业的生产、销售和交易环节在虚拟网络中完成，税务机关难以准确获取企业的涉税信息。同时，税务机关在信息审核和数据质量管理方面也面临挑战。在目前的增值税税收征管进程中，由于云计算、人工智能、区块链等技术的运用还不够完善，导致税务机关难以对税源、税收结构及变化进行智能化监控与分析，也难以对因虚假瞒报、恶意篡改和破坏而带来的偷税漏税行为进行精准监控。

2）涉税信息共享程度不高

税收现代化建设虽然提出了税收共治的新格局，并明确了相关改革措施，但跨部门信息共享机制缺失依然是一个关键问题。由于各行政机关相互独立的原则要求，税务机关与其他政府机构以及第三方部门（如工商、金融、财政等）的信息共享一直受到制约。特别是涉税信息往往包含大量敏感数据，信息的分享容易涉及隐私和监管合规问题，需要对数据进行再处理，而这延缓了税收数据和信息的互通进程。在数字经济的背景下，这种信息孤岛现象导致税务机关无法获得全面、真实的涉税信息，进而影响税收征管的有效性。

2.6 数字经济下加强我国增值税税收征管的对策及建议

在数字经济蓬勃发展的时代浪潮中，我国增值税税收征管面临着前所未有的挑战与机遇。一方面，数字经济的虚拟性、复杂性和跨境性对传统的税收征管模式、理念和技术手段提出了严峻考验，导致纳税遵从度下降、征税原则模糊、征管漏洞增多等问题日益凸显；另一方面，数字技术的广泛应用也为优化税收征管提供了新的思路和工具。

因此，深入研究数字经济下我国增值税税收征管的优化路径，不仅是应对当前税收挑战的迫切需要，更是推动我国税收治理体系和治理能力现代化的重要举措。本节将从优化纳税服务体系、完善增值税消费地原则的适用、提升税收征管技术与手段，以及加强国际征管协作与信息交流等方面展开探讨，旨在提出切实可行的对策建议，以期为我国在数字经济时代构建更加科学、高效、公平的增值税征管体系提供理论支持与实践指导，助力我国税收征管工作在新的经济环境下实现高质量发展。

2.6.1 优化纳税服务体系，提高纳税遵从度

1）强化税收治理理念的宣传与培训

在数字经济时代，税收治理理念的转变是解决税收征管困境的关键。税务机关应从传统的“单向征管”模式转变为以服务为核心的“双向征管”，培养税务人员在数字经济背景下对税收治理新理念的深刻理解，并推动纳税人自愿遵从税法，减少逃税和漏税行为。

解决我国税源缺失、维护税收征管秩序最有效的对策之一是提高全民纳税意识。因此，税务机关应加大税收治理理念的宣传力度，通过多渠道、多形式开展税收法律法规科普活动，提高公众对税收权利和义务的理解和认识，使纳税人深刻认识到纳税是社会责任的重要体现。

2）完善数字化纳税服务模式

在数字经济背景下，税务机关应注重为企业提供全方位的税务支持。例如，对纳入数字经济重点企业清单的企业开展税收直通服务，实行台账式网格管理，逐户上门开展政策宣传辅导，征求企业对税务部门的意见建议，了解企业生产经营情况，协调解决企业生产经营中遇到的各类涉税涉费问题。同时，可以利用人工智能、大数据等技术手段，在指挥中心和金税四期中，分门别类提前加工整理好不同纳税人的需求信息，对纳税人进行更为精准的投送，替代原先铺展式的税收政策推广、风险提醒识别，给纳税人提供更为快速和舒适的数字化办税体验。

3）完善信息化纳税服务平台

为了提升纳税人体验，税务部门应简化用户操作，优化系统界面与交互设计，使纳税人能够轻松上手完成税收业务操作，减少繁琐的输入和确认步骤，提升用户满意度。同时，提供智能辅助功能，如自

动填写和智能推荐，帮助纳税人更准确地完成申报和缴税操作。为了实现无缝衔接，税务系统应利用透明计算技术与其他相关系统对接，减少人工干预并提高数据共享的准确性。在信息化背景下，税务部门应扩大全国跨省异地电子缴税服务范围，优化税务信息与银行系统的横向联网，简化跨省异地电子缴税业务流程。此外，结合大数据和云技术，税务部门可进一步完善全国统一规范的新电子税务局，提升征管效率并推动征纳服务升级。通过大数据分析，税务部门能够精准筛选退税对象，简化审核流程，并确保应退尽退。同时，电子税务局应将进一步推进“掌上办”和“网上办”服务，支持多元化办税缴费，让纳税人享受更加便捷的“一站式”服务，提升其满意度。

2.6.2 增值税消费地原则适用的完善思路

1）明确跨境增值税基本征税原则

为避免跨境数字交易中出现双重征税或非故意不征税的问题，建议我国应当紧跟国际趋势，在立法层面迅速明确并全面推行基于消费地原则的增值税征收制度。具体而言，对我国企业向海外提供的数字产品和服务，应实施零税率政策。此举不仅能够有效提升我国跨境数字交易企业的国际市场竞争力，还能防止因重复征税而削弱其市场优势地位。同时，对于从国外进口的数字产品和服务，则应依据我国增值税的相关法规进行征税，以保障我国的税收权益，实现税收的公平性和可持续性。

为了切实执行消费地原则，我国亟须构建一个能够精确识别消费者身份及其消费所在地的制度框架。在数字交易环境中，数字产品和服务的生产及交易地点往往难以明确界定，但消费者的所在地则是相对确定的，因此，准确判定实际消费地是全面推行消费地原则的前提条件。然而，当前我国在消费地原则的落实方面尚缺乏明确规定，消费地的判定规则存在大量空白地带。鉴于此，我国应根据不同类型的跨境交易模式，分别制定详尽的消费地认定标准，以确保消费地原则得以有效实施。

在B2B模式下，可将企业经营所在地或注册地作为实际消费地的基础标准。此外，还可参照OECD在《指南》中提出的“产品或服务的直接使用地”以及“最终送达地”作为实际消费地的替代变量。若跨境数字交易涉及多个购买方，可借鉴OECD的建议，按照费用分摊比例分配征税权，以确保税收分配的合理性和公平性。

在B2C模式下，若提供的是现场服务，即消费行为与服务提供地点一致，那么服务提供地应被认定为消费地。若提供的是非现场服务，例如通过网络远程交付的数字产品或服务，则应以消费者的经常居住地作为消费地。此外，如果数字产品和服务的接收方在我国没有实体物理存在，税务机关可以借鉴国外经验，通过一些辅助判断标准来确定消费地。例如，根据其使用设备的IP地址、购买商品时填写的手机号归属地、纳税登记地等信息进行综合判断，从而确保消费地的认定更加准确和合理。

通过上述措施，我国不仅能够有效应对跨境数字交易中的税收挑战，还能在数字经济时代更好地维护税收权益，推动跨境数字交易的健康发展。

2）明确国内增值税基本征税原则

在数字经济时代背景下，货物交易常常展现出“生产集中而消费分散”的跨省流转特征，其流动方向、数量及具体金额难以精确测量。若完全依赖“消费地原则”进行增值税征收，将极大地增加边境管控的运行管理成本，且处理不当极易导致税收漏洞，造成部分环节的税收缺失。此外，实施严格的边境管控还可能构筑贸易壁垒，阻碍全国统一大市场的顺利形成。显然，完全遵循“消费地原则”的增值税征税与分税制度在实际操作中并不可行。鉴于上述情况，在数字经济时代，采取“按生产地原则征税、按消费地原则分配”的混合模式，或可作为一种既顺应改革需求又具备操作性的解决方案。一方面，税务机关与纳税人对于当前的征管模式已相当熟悉，沿用此征收方式能够以最小的成本调整现行的增值税收入分配格局；另一方面，随着征收管理的数智化水平不断提升，国家能够精确识别每一笔增值税收入的消费地，以及各数字平台源自不同地区的增值税收入总额。基于这些信息，在各区域政府间进行税收收入的分享已具备高度的可行性。

2.6.3 完善税收征管模式，提升税收征管技术

1）完善税源管控技术

运用区块链、大数据、云计算、人工智能等技术，改进税收追踪方法，完善税源管控技术，以数据自身特性为切入点，以数据为纽带，对现有第三方平台的区块链技术进行升级，把税收征管嵌入到数据交易的全过程，把纳税登记流程嵌入到各地区数据交易所或交易中心区块链系统中，通过平台实现数据交易主体实名工商及税务登记，逐步由“以票管税”转变为“以数管税”。

2）探索政企之间的数据共享机制

例如，深圳市税务局与腾讯开展合作构建深圳税务区块链，完善“发票链”与“信息链”，并基于区块链等技术研发“税务数字钱包”，将需要纳税的数据资产进行识别、验证和汇总，提升纳税活动的效率并节约办税成本，这一政企合作案例可以为未来的发展提供参考，构建交易、收入和纳税为一体的大数据生态系统。

3）加快新型数字基础设施建设

重点推进智慧税务系统的建设，包括智慧电子税务局、智慧移动终端、智慧办税服务厅、税收大数据、智慧咨询体系等，广泛应用数

字化智能技术，探索税收征管的精细化模式。如进一步完善增值税电子发票管理系统，将其纳入国家税务总局电子底账系统的统一管理范围；完善增值税电子发票平台的功能，实现各业务流程中增值税电子发票信息的实时采集与传递，并支持进项税额抵扣，税务机关对进项税额进行管理和核查。

2.6.4 创新税收征管手段，畅通涉税信息获取

1）强化涉税数据采集能力

一方面要加强数据审核，提高准确性。设立专人专班，专门负责筛选、审核、整改错误数据，提高数据资源的精准度和融合度。通过完善数据审核机制，建立长效化数据质量管理机制，确保数据采集的准确性。另一方面，要完善数据采集内容，丰富数据资源。除了纳税人自行申报的数据外，还应积极拓展其他数据来源，如第三方数据、互联网数据等，拓宽采集渠道。在此过程中，应结合《中华人民共和国增值税法》的相关规定，积极推广电子发票。

2）提升税务机关的涉税数据分析应用能力

一是税务部门应充分运用各种大数据分析新技术和软件工具，并建立案例库和数据库；二是组建各类专业的风险管理和数据应用专家团队，对涉税数据进行横向和纵向分析比对，加强税务风险管控；三是加大涉税人才培养力度，适当加大对数字化征管平台操作、数据处理、风险应对等的培育。

3）加强税收数据安全管理

税收数据关乎国家战略和纳税人权益，必须筑牢数据安全防线。一方面，强化数据安全责任意识，建立严格的数据查询审批制度并加强数据留痕管理，确保数据合规使用；另一方面，进一步强化网络安全识别和防御能力，切实提高税务干部的网络安全风险防范意识和能

力水平，将税费数据安全工作纳入绩效考核，不断提升税务系统保障数据安全的能力。

4）加强与第三部门合作

税务机关应利用区块链等技术，打造跨部门数据共享平台，实现数据无缝对接与高效联通。建立需求对接—数据交换—监督评估的运行机制，定期收集各部门数据共享需求，进行需求分析和对接，明确共享数据的内容、格式和频率等要求，并通过数据共享平台实现数据的实时或定时交换，确保数据的及时性和准确性，在此基础上，建立数据共享监督评估机制，对数据共享情况进行定期检查和评估，及时发现和解决问题。

2.6.5 加强增值税的国际征管协作和信息交流

随着数字经济时代的到来，我国既面临新的发展机遇，也面临诸多挑战。为应对这些挑战，我国正致力于完善与传统工业经济相匹配的增值税制度，并探索在数字经济背景下解决跨境交易征税问题的中国方案。

1）加强增值税的国际征管协作

建议我国不断深化与国际社会的协作，秉持友好、和平的征税理念参与到国际税收制度的谈判之中。数字经济的发展极大地促进了全球经济的融合，国际社会正不断推出新的举措以应对这一变革。通过加强与各国的交流与合作，我国不仅能更有效地推进企业“走出去”战略的实施，还能在国际多边规则尚未形成统一共识的情况下，密切关注各国数字经济税收制度的最新动态。我国应积极而主动地参与并推动双边税收协定的签订，同时在国际增值税规则的制定过程中发挥积极作用，以此维护本国企业的合法权益。这不仅有助于保障中国企业在海外的正当利益，还能为国际税收规则的完善注入中国智慧，为构建更加公平、合理的国际税收体系贡献力量。

2）加强增值税的国际信息交流

建议我国进一步强化国际税收情报的交换机制，全面而精准地掌握交易信息，这是打击跨境税收欺诈行为的关键所在。为此，我国需在国内层面深化各相关部门之间的涉税信息共享，同时在国际上加强与各国税务机关的情报交流，从而有效遏制跨境税收欺诈现象的发生。

一方面，应将现行的国际税收情报交换工作流程提升至法律高度，并据此制定更为详尽、周密的规则体系，以确保情报交换工作的规范性和有效性。另一方面，我国应充分利用数字技术的优势，积极推动构建一个由各国税务机关共同参与的税务信息系统，实现全球范围内的信息共享。通过这些有力举措，我国不仅能够显著提升自身的税收治理能力，还能为全球税收治理体系的完善提供宝贵的经验和有益的借鉴。

2.7 增值税征管案例

2.7.1 案例信息

1）风险提示

企业之间为了完成销售任务指标，或为了规避开红字发票的烦琐过程而选择对开发票，形成税务风险。

2）案例描述

某税收征管人员在查询甲公司账簿时候发现了一笔退货交易，发货时间为2024年4月，退货时间为2024年5月，相应的入库单、出库单以及银行转账记录都相符。但是她在查询该业务对应发票信息时，并没有看到对应的红字发票。于是，她与财务人员交谈后，复原了事情的全过程。

2024年4月，市甲公司销售A商品给乙公司，开具增值税专用发票。5月，由于部分商品存在质量问题，乙公司将存在质量问题的商品退回，共1 000千克，不含税单价50 000元，双方认为申请红字发票比较麻烦，由乙公司给甲公司按退货金额及税额开具了增值税专用发票。

3）案例纠错

按税法规定，该笔业务应当由甲公司给乙公司开具红字增值税专用发票。税务机关查实后，根据《增值税暂行条例实施细则》中“未按规定开具红字增值税专用发票的，增值税额不得从销项税额中扣减”之规定，不允许甲公司从增值税中扣减退回部分的销项税额。①

4）税法链接

《关于红字增值税发票开具有关问题的公告》（国家税务总局公告2016年第47号）规定，一般纳税人开具增值税专用发票后，发生销货退回、开票有误、应税服务中止等情形但不符合发票作废条件，或者因销货部分退回及发生销售折让，需要开具红字专用发票的，按照以下办法处理：

（1）上传《开具红字增值税专用发票信息表》（以下简称《信息表》）。购买方取得增值税专用发票已用于申报抵扣的，购买方可在增值税发票管理系统中，填开并上传《信息表》。在填开《信息表》时，不填写相对应的蓝字专用发票信息，暂依《信息表》所列增值税额从当期进项税额中转出，待取得销售方开具的红字专用发票后，与《信息表》一并作为记账凭证。购买方取得增值税专用发票未用于申报抵扣、但发票联或抵扣联无法退回的，购买方填开《信息表》时，应当填写相对应的蓝字专用发票信息。销售方开具增值税专用发票尚

① 《中华人民共和国增值税法》2026年1月1日起执行，届时请关注最新实施条例要求。

未交付购买方，以及购买方未用于申报抵扣并将发票联及抵扣联退回的，销售方可在新系统中填开并上传《信息表》。销售方填开《信息表》时，应当填写相对应的蓝字专用发票信息。

（2）生成带有编号的《信息表》。主管税务机关通过网络接收纳税人上传的《信息表》，系统自动校验通过后，生成带有“红字发票信息表编号”的《信息表》，并将信息同步至纳税人端系统中。

（3）销售方开具红字发票。销售方凭税务机关系统校验通过的《信息表》开具红字增值税专用发票，在系统中以销项负数开具。红字增值税专用发票应当与《信息表》一一对应。纳税人需要开具红字增值税普通发票的，可以在所对应的蓝字发票金额范围内开具多份红字发票。

所以，企业为了避免红字发票的相应风险，应该具备相应的证据资料。根据上述法律条款，我们总结出企业开具红字发票的证据资料包括以下三部分：第一，企业与客户签订的带有销售折让性质条款的协议或补充协议；第二，带有“红字发票信息表编号”的《信息表》和红字增值税专用发票；第三，销售折让确认单据和相关账簿记录。

此外，如果发生销货退回需要开具红字发票的情况，应当收回原发票并在上面注明“作废”字样，或者取得对方提供的有效证明；如果是销售折让的情况，则需要先收回原发票并注明“作废”字样，再重新开具销售发票，或者在取得对方有效证明后开具红字发票。

2.7.2 解决对策——大数据侦查

现在我们可以利用大数据技术，对很多虚假发票案进行侦破。2021年，国家税务总局曝光了多个虚开发票违法典型案例（下举两例），让税收征管人员对发票虚开有深刻的感受。

（1）四川查处“5·21”电子普通发票虚开案。2020年5月，成都警税运用大数据分析技术，发现同一团伙控制下的85户空壳企业涉嫌虚开电子普通发票。警税两部门立即联合成立专案组进行查处，于2020年7月实施收网行动，成功破获该起虚开电子普通发票案，打掉职业虚开犯罪团伙2个，抓获犯罪嫌疑人4名。经查，该团伙利用疫情期间“非接触式”办税缴费便利措施，控制空壳企业919户，向31个省份21 821户下游企业或个人虚开增值税发票11万余份，虚开金额31亿多元，其中虚开电子普通发票2 807份，虚开金额1.05亿元。

（2）深圳查处“护航1号”电子普通发票虚开案。2021年年初，深圳税务部门依托智慧稽查系统发现一起涉嫌虚开电子普通发票案件线索，警税联合成立专案组开展查处，运用信息化战法快速锁定异地虚开窝点。2021年2月，深圳警税同时在深圳和广东陆丰、普宁等地开展“护航1号”收网行动，成功打掉电子普通发票虚开团伙1个，抓获犯罪嫌疑人5名，摧毁犯罪窝点4个。初步查明，该犯罪团伙控制了580余家注册在深圳的空壳企业，利用电子普通发票便利属性，采取异地开票的手段，对外虚开增值税普通发票15.8万余份，涉案金额10亿多元。其中虚开电子普通发票37 734份，虚开金额2.35亿元。

3

数字经济下企业所得税税收征管问题研究

企业所得税是我国的一种直接税，从中华人民共和国成立至今，我国的企业所得税经历了漫长的变革历程。中华人民共和国成立后，我国曾经设立过特殊的归并式企业所得税；直到1958年，我国才建立了对企业征收的独立税种，主要针对非国有企业征收，当时称之为“工商所得税”，再到后来被集体企业所得税、私营企业所得税取代；接着我国经历了国有企业利改税，建立了20世纪80年代的国营企业所得税；至此，国内企业所得税的税制体系已经建立起来了，并于1994年合并为统一的内资企业所得税。改革开放之后，又逐渐建立了针对外资的企业所得税，分别是中外合资企业所得税和外国企业所得税。2008年，为平衡内、外资企业的税收负担，合并了内资企业所得税与外商投资企业和外国企业所得税，创立了完全统一的企业所得税。

目前，企业所得税的税收政策已经成为国家宏观调控的重要手段之一，国家层面密集出台了大量具有引导性、鼓励性的企业所得税优惠，进一步降低了有关企业的税负，促进了企业的发展。

但是，从税务风险管控的角度来看，企业所得税是所有税种中最为复杂的。这是因为，企业所得税的税基是在会计利润的基础上，通过纳税调整得来的，调整事项涉及收入、成本、费用等，并且存在大量的税会差异，税务风险点较多。

因此，从税收征管人员的实践经验来看，企业所得税出现问题的概率比较大。有的时候是企业主观故意的逃税行为，人为减少收入、增加费用，虚假使用税收优惠政策，以达到少缴税款的目的；也有的时候是企业非主观故意的，主要是财务人员对相关政策不够了解和重视、把握不准确、纳税调整事项认识错误等原因导致的。

3.1 引言

3.1.1 数字经济下传统企业所得税税收规则面临的挑战

数字经济的快速发展对传统的国际税收规则带来了重大挑战，传统的常设机构原则和利润分配规则已无法有效应对数字经济环境。具体表现为：

1）常设机构原则的适用困境

传统的税收原则下，常设机构原则主要基于两种情形：一是外国企业在另一国设立进行其全部或部分营业活动的固定场所，例如分支机构、办事处或工厂等，且该场所具有持续性和稳定性；二是外国企业虽未设立固定场所，但通过非独立代理人（如授权代表或雇员）在另一国从事特定性质活动，且该代理人有权以企业名义签订合同或经常行使此类权力。在上述情况下，外国企业将被认定为在该国存在常设机构，并需依法缴纳相关税款。因此，来源地国对非居民企业营业利润的征税依托于一定的物理存在。但是数字经济背景下，互联网商业模式应运而生。产品和服务打破了国界的界限，使得企业在利润来源国无须设立物理场所即可开展业务，从而导致传统的常设机构概念难以适用。以《OECD税收协定范本》的常设机构规则为例，该规则在数字服务背景下难以穿透复杂的交易链。例如，跨国企业通过拆分业务活动或利用代理人安排规避常设机构的认定，从而避免在来源国的纳税义务；数字企业可以通过线上渠道进行生产和服务，不再依赖线下实体，导致来源地国家难以对其征税。因此，数字经济下的新型避税模式对传统税收规则提出了严峻挑战，亟需国际社会制定统一的税收规则。

2）利润分配规则的挑战

数据要素具有虚拟性、可复制性、异质性等特征。数据要素市场化配置解决了企业日益增长的数据需求同富余数据生产力供给不足的矛盾。数据成为企业收入的重要组成部分，而现行的利润分配规则难以准确衡量和分配这些无形资产的价值。例如，企业通过社交媒体平台收集用户数据并用于广告投放，这部分数据的价值难以在传统利润分配规则下得到合理体现。在社交媒体平台中，数据的来源广泛，包括游客、专业人士等。游客大部分以休闲娱乐浏览为目的，而专业人士为了获得收益为平台创造或实现剩余价值。但在实际的利润分配中，很难准确界定数据的来源，以及数据贡献具体价值，从而导致数据贡献者的权益难以得到合理保障。

3.1.2 数字经济下企业所得税税收征管的基本原则

1）电子商务的税收原则

数字经济发展对税收的影响，很早就引起学术界和财税决策部门的关注和研究。1998年，在渥太华会议中，OECD财政事务委员会发布了《电子商务：税收框架条件》，提出了适用于电子商务的税收原则——中立性、效率性、确定性、简易性、有效性、公平性、灵活性等。这些原则构成评估应对数字经济税收挑战的方案的基础，是当前世界各国解决数字经济背景下企业所得税问题应遵循的基本原则。

自1998年OECD财政事务委员会发布《电子商务：税收框架条件》报告后，2019年1月，OECD发布了《政策简报——应对数字化经济的税收挑战》，提出了“修订利润分配及联结度规则”和“全球反税基侵蚀解决方案”双支柱框架体系。这一框架体系是在原有电子商务税收原则的基础上，针对数字经济背景下跨国企业利润分配和税收征管的新问题而提出的系统性解决方案。

支柱一：主要针对征税权划分和联结度问题，提出在利润分配原则中体现用户价值，使用户所在管辖区有权通过一定的分配方法对额外利润进行征税。这体现了对原有税收原则的拓展和深化，更加强调了市场管辖区在数字经济中的税收权益，与中立性、公平性等原则相呼应，是对传统利润分配和联结度规则的创新和补充。

支柱二：主要规定了最低税原则，当企业在税收管辖区适用的实际税率水平较低时，将赋予消费地的税收管辖区反向征税的权力，避免双重不征税，维护税收公平。这有助于解决数字经济下跨国企业通过复杂架构和税收筹划手段进行利润转移、侵蚀税基的问题，增强了税收的有效性和公平性。

2）经济关联原则

20世纪初，随着经济全球化的推进，企业纷纷向境外拓展经营活动，国际贸易规模显著扩大，企业所得税的征收管理趋向国际化，我国企业所得税的征收管理体制也日益成熟。然而，由于各国行使税收主权，同一笔所得可能在两个或多个管辖地被重复征税，这种情况对商品和服务交换以及资本、技术和人员流动造成了负面影响。跨国企业双重征税问题备受关注。在这一背景下，国际联盟委托了四位经济学家研究国际税收争议问题，并提出国际税收争议的解决方案。四位经济学家提交的《防止双重征税报告》中，主张根据所得的性质在来源国和居住国之间分配税收管辖权，并提出了“经济关联”概念作为衡量应税所得及其所有者与某国经济联系紧密程度。经济关联由四项要素构成：财富或所得的来源地、财富或所得的所在地、财富或所得的行使权以及对财富或所得享有处置权者的居住地或永久住所。其中，财富或所得的来源地以及对财富或所得享有处置权者的居住地或永久住所是两项关键要素。在复杂情境下，若这些要素之间不一致，应根据各国经济关联程度的高低来划分对企业所得的征税权。由此可见，现行常设机构规则已明确将经济关联原则作为征税权分配的重要依据。常设机构标准作为一项基础性规则，明确了一国企业在另一国是否构成常设机构的判定条件，只有当企业在另一国满足常设机构的认定标准时，市场国才能对其利润行使征税权。反之，若未达到常设机构的认定门槛，市场国无权对其利润征税。这一规则不仅体现了经济关联原则在征税权分配中的核心地位，也为跨国企业税收管辖权的划分提供了指导框架。

经济关联原则的核心思想是以企业利润创造与某国之间联系程度为标准确定该国是否有权征税，这一核心理念在数字经济的背景下仍适用。目前，多数学者普遍认为，应当继承发展经济关联原则，结合数字经济特征，将价值创造理论融入该原则，有效识别企业价值创造环节，全面考虑与价值创造相关的贡献因素，以此识别经济关联因素，构建公正合理的国际税收新秩序。

3.1.3　数字经济时代企业所得税面临的机遇

1）企业所得税的税源拓宽

数据作为新型生产要素，其复用增效和融合创新能够发挥显著的乘数效应。数字经济的蓬勃发展催生了新产业、新业态和新模式，这些新模式不仅创造了新的利润增长点，也为税收提供了新的来源。例如，新能源、新材料等战略性新兴产业，以及平台经济、共享经济、短视频、网络直播等新业态，都为企业所得税的征收提供了新的基础。同时，定制化生产、绿色生产等新型经营模式不断涌现，进一步优化了生产效率。数字经济的快速发展带来了新的税收收入来源。例如，线上教育平台通过付费课程获得收益，电子书籍和杂志的售卖，以及企业通过数据销售等业务获取收入，这些收入在合理界定后均可纳入企业所得税的征税范围。这些新兴业务的出现，不仅丰富了企业的盈利模式，也为税收征管提供了新的着力点，进一步拓宽了企业所得税的税源。

2）企业所得税的国际合作加强

数字经济时代，企业所得税国际合作的加强是应对全球税收挑战的重要举措。OECD主导的BEPS（税基侵蚀和利润转移）行动计划的核心内容是对跨国企业的避税行为进行详细分析，提高税收透明度和确定性。跨国企业能够利用不同国家税收制度的差异进行避税，这不仅损害了市场国的税收利益，也破坏了国际税收秩序。为了保护市场国的税收利益，OECD在G20国家的支持下制定了全球反税基侵蚀规则（GloBE），设定了15%的最低有效税率。这一规则旨在通过设定全球最低税率，确保跨国企业公平纳税。GloBE引入了“补足税”机制，即当跨国企业在某一辖区的有效税率低于15%时，需就差额部分缴纳补足税。这一机制直接增加了跨国企业在低税辖区的纳税义务，并通过限制利润转移，使得各国保留更多的税基，从而增加企业所得税收入。随着共建“一带一路”的不断推进，在“走出去”战略背景下，中国积极为数字企业提供涉税指导，降低其海外经营中的税收负担。国家税务总局建立了“海外税收案例库”，为企业提供东道国税收协定执行口径变化的最新信息，帮助企业应对税务风险，并通过法律途径维护自身权益。

3）企业所得税的税收政策优化

在数字经济时代，企业所得税税收政策的优化为国家经济高质量发展提供重要保障。随着企业的商业模式不断创新，利润分配复杂化，企业所得税征管存在税收转移问题，而企业所得税税收政策的优化可以提升我国的税收收入。数字经济背景下，物理意义的常设机构被数字经济的无形性打破，完善常设机构的设定，有利于实现全球企业所得税税收公平。要秉承税收与税源一致性原则，优化企业所得税税收政策。税收优惠政策能够有效激励企业增加研发投入，推动技术创新。研究表明，减税降费政策显著激励了数字经济企业的研发投入。2024年，我国支持科技创新和制造业发展的主要政策减税降费及退税达26 293亿元，其中研发费用加计扣除等政策减税降费及退税8 069亿元。这些政策不仅减轻了企业的负担，还促进了数字经济核心产业的发展，推动了经济结构的优化和高质量发展。

4）企业所得税的征管方式创新

在数字经济时代，企业所得税税收征管方式的创新主要体现在技术手段和服务模式的变革方面。一方面，税务部门通过大数据、区块链等技术手段，推动税收征管的数字化转型。例如，全面数字化电子发票的推广应用，简化了发票领用和使用流程，实现入账归档一体化。同时，税务部门利用区块链技术构建联盟链，实现跨部门数据共享与联合记录，确保数据真实性和不可篡改。另一方面，服务模式也在不断优化。例如，全国上线统一规范的新电子税务局，实现了96%的办税缴费事项网上办理，极大提高了办税效率。此外，税务部门还推行“关联申报”服务模式，实现多个税费种的关联申报和一键缴税。

5）企业所得税的制度与协作机制创新

在数字经济时代，企业所得税的税收征管在制度和协作机制方面也在不断创新，以更好地适应数字经济的发展需求。一方面，我国积极推动税制改革，探索适应数字经济特点的税收制度。例如，研究开征数据税和数字服务税的可能性，以更好地体现数据创造的价值，并将其纳入企业所得税的征税范围。同时，优化企业所得税政策，推出针对数字经济高科技人才的税收优惠政策，鼓励企业加大研发投入，推动数字技术的广泛应用。另一方面，强化税收征管的协作机制，通过部门间的数据共享与联动，打破信息孤岛，形成跨部门的联动协作机制。在国内层面，税务部门与其他政府部门加强合作，实现数据共享和联合监管，提升税收征管的精准性和效率。在国际层面，国家税务总局全程参与BEPS项目，参与相关会议和谈判，并向OECD提交立场声明和建议，主导提出的“利润应在经济活动发生地和价值创造地征税”成为BEPS的指导原则，为维护发展中国家利益作出重要贡献。中国主导建立了“一带一路”税收征管合作机制，通过举办国际税收论坛、培训等活动，加强与沿线国家的税收合作。这一机制不仅提升了各国税收征管能力，还促进了税收征管信息化和跨境合作。这些制度和协作机制的创新，不仅有助于提升税收征管的科学性和有效性，也为经济高质量发展提供了有力的制度保障。

3.1.4 数字经济下企业新型避税模式剖析

数字经济作为一种以数据资源为核心生产要素、依托信息通信技术（ICT）推动生产效率提升和经济结构优化的经济活动形态，其带来的不仅仅是生产方式的变革，更是对传统税收规则的深刻挑战。《数字经济及其核心产业统计分类（2021）》显示，数字经济的特征表现为数据与用户的高相关性、无形资产的高流动性以及企业价值链管理的高灵活性。这些特征使得传统基于物理存在的税收规则逐渐失效，为企业通过新型避税模式规避税收提供了操作空间。下文从企业所得税角度，基于技术工具、无形资产、数字服务税、用户数据价值及税务筹划五个维度，深入剖析数字经济下企业所得税的新型避税模式。

1）利用数字技术和跨境交易进行避税

数字经济的非实体化特征为企业跨境交易提供了便利，通过云计算、数据存储和数字交付等技术手段，企业可以将利润转移到低税率国家或地区。例如，跨国互联网企业通过改变公司结构，将利润转移至低税率国家，从而规避缴纳所得税。企业还可以利用数字产品的跨境交付灵活性，模糊税收管辖权的边界，进一步降低税收负担。数字经济的跨境性质使得利润转移更加隐蔽，跨国企业通过复杂的交易结构将利润集中在低税率地区，导致来源国税基被大幅侵蚀。

2）无形资产的跨境转移

数字经济中，无形资产（如知识产权、数据、算法等）的价值日益凸显。而相较于有形资产，无形资产更具有隐蔽性和长期性，其价值往往难以准确量化，但对企业的影响却更为深远。企业可以通过将无形资产转移到低税率地区，利用当地税收优惠政策，实现避税目的。例如，苹果公司通过复杂的知识产权转让和许可安排，将大量利润转移到爱尔兰等低税国家[①]。所以，无形资产的跨境转移是全球税基侵蚀与利润转移（BEPS）的主要渠道之一，跨国公司通过将高价值无形资产转移到低税率地区，使得全球税负分配更加不均衡。

3）利用数字服务税的漏洞

一些国家和地区为了应对数字经济带来的税收挑战，开始征收数字服务税。然而，由于国际税收规则尚未统一，部分企业可能利用不同国家和地区税收政策的差异，通过调整业务模式或交易结构，规避数字服务税的征收。例如，企业可以通过将部分业务转移至未征收数字服务税的国家或地区，或通过调整收入分类的方式降低税负。部分企业利用这种差异在全球范围内进行税务筹划，导致国际税收规则的实际效果大打折扣。

4）数据和用户参与的避税策略

数字经济中，用户数据和用户参与本身可以创造巨大价值，但如何对这些价值进行量化和征税仍存在争议。企业可能利用这一监管空白，将用户数据的价值转化为利润，而不承担相应的税收责任。例

① 相关报道结果是欧洲法院裁定：爱尔兰给予苹果公司税收优惠违规。

如，社交平台企业通过收集和分析用户数据，向第三方企业提供精准广告服务，但其从用户数据中获取的利润并未被完全纳入应税收入中。用户数据的价值创造与税收规则之间脱节，现行税收规则尚未有效涵盖用户数据的收益。

5）利用数字化转型优化税务筹划

数字化转型本身为企业提供了更复杂的税务筹划空间。企业可以通过优化内部税务管理、利用跨境云计算平台为海外客户提供服务等方式，实现更好的避税效果。例如，跨国企业通过将云计算服务的研发活动集中在低税率地区，同时将高附加值业务的利润转移至低税率国家，从而降低全球税负。数字化转型使得企业的税务筹划更加灵活，但也增加了各国税务机关的监管难度。

总之，数字经济下的新型避税模式实质上是对传统税收规则的适应性创新。一方面，数字经济的无实体性特征瓦解了“物理存在”的联结度规则；另一方面，无形资产等的高流动性和用户数据的价值脱嵌使得税基分配更加复杂。为应对这一问题，国际社会需要进一步加强合作，制定统一的税收规则，特别是在用户数据的价值分配、无形资产的定价以及数字服务的税收管辖权等方面，亟需完善相关规则。同时，各国也应加强国内税收规则的适应性调整，确保数字经济下的税收公平性和有效性。

3.2 数字经济下企业所得税税制相关经验借鉴

为应对数字经济带来的税收挑战，国际社会正在积极探索新的反避税规则。OECD的双支柱方案提出对跨国企业的利润分配规则进行改革，特别是针对数字经济的特性，提出了基于用户参与和市场贡献的利润分配方案（支柱一）以及全球最低税率的设定（支柱二）。同时，各国也在加强国内税收规则的改革，例如英国引入“重要数字存在”（SDP）标准，以用户参与度和本地化服务作为认定应税利润的依据。这些措施旨在弥补传统税收规则在数字经济下的不足，遏制跨国企业的系统性避税行为。

3.2.1 OECD双支柱方案的内容

金额A作为方案的核心内容，计算逻辑框架由六个相互关联的方面构成，包括适用范围、联结度规则、收入来源、利润分配、税基确定以及避免双重征税。这些要素共同作用，确保了金额A计算的科学性与合理性。

首先，适用范围明确了哪些跨国企业需要按照金额A规则进行利润重新分配，从而界定了方案的适用对象。其次，联结度规则对有权参与利润分配的税收管辖区进行了限定，确保只有与跨国企业存在实质性经济联系的国家才能参与利润分配。同时，收入来源规则在判定市场辖区的联结度以及计算利润分配因子方面发挥着关键作用。避免双重征税的相关举措是为实现支柱一与目前实行的所得税体系并行，避免冲突和重叠。

1）适用范围

《关于应对经济数字化税收挑战双支柱方案的声明》（以下简称《声明》）中支柱一的适用范围进一步扩大。作为BEPS首项行动计划的延伸，支柱一在适用范围上不再仅限于采用特定数字商业模式的企业（包括自动化数字服务与面向消费者业务的两大模式），而是扩展至除采掘业和受监管的金融服务业（如银行、保险等）之外的所有符合定量标准的企业。定量标准包括收入和利润两项指标：收入指标要求跨国企业在全球范围内的营业额超过200亿欧元门槛；利润指标采用税前利润与收入的比值计算的利润率进行衡量，门槛值为10%。

支柱一的适用范围限定在了全球营收多且利润率高的大型跨国企业内。目前，能同时满足双指标体系的跨国企业数量有限，但《声明》也指出，如果金额A的实施（包括税收确定性机制）取得成功，门槛将在7年后开始审查，并可能降低至100亿欧元。审查将在协议生效后的第7年开始，且不超过1年完成。

2）联结度规则

一般规则以跨国企业在某一市场国内取得的收入为标准，如果跨国企业在某一市场国家的收入达到100万欧元，则该市场国家有权对该企业的部分利润（金额A）征税。在一定程度上，该门槛值降低了跨国企业在某辖区获得小额收入而需要进行申报或税务机关的追纳成本。《声明》还特别保护了小经济体量辖区的利益，将国内生产总值（GDP）在400亿欧元以下的辖区定义为小型辖区，门槛阈值设定为25万欧元。这一设计旨在保护小型经济体的税收权益，避免其因跨国企业的低额收入而承担过高的征管压力。

3）收入来源

收入来源地的判断规则因交易类型而异，为了确保收入来源规则的实施，支柱一要求跨国企业采用可靠的方法来确定收入来源地。这些方法需要基于企业的具体事实和情况，并符合以下要求：

（1）数据收集和记录：企业需要收集和记录足够的数据，以证明收入的来源地。例如，对于数字服务，企业可能需要记录用户的IP地址、地理位置信息等。

（2）透明性和一致性：企业应确保在财务报告和税务申报中统一应用收入来源规则，并向税务机关提供相应的必要信息。

（3）安全港规则：为了减少合规成本和税收争端，支柱一可能会提供安全港规则，允许企业在某些情况下采用简化的收入来源方法。

支柱一中的收入来源规则通过将收入分配到商品或服务的最终消

费地，而非仅依赖传统的交付或生产地点，更精准地反映了数字经济中价值创造的实质。不仅适应了数字经济的全球性和无形性特点，还确保市场国家能够公平分享跨国企业利润，减少利润转移至低税地的动机，同时通过明确的规则和安全港机制降低税收争端和企业合规成本，提高国际税收体系的透明性和确定性。

4）利润分配

在《声明》中，企业收入的10%被视为基础利润，超过基础利润的部分被视为剩余利润。金额A被定义为“超过收入10%的利润（即剩余利润）的25%”。如果一家跨国企业在全球的剩余利润为100万欧元，其中25%（25万欧元）将被分配到市场国家。如果该企业在某市场国家的收入占其全球收入的10%，则该市场国家将获得2.5万欧元的利润分配。

5）税基确定的核心原则

金额A的税基是同时满足收入和利润双指标体系的跨国企业的利润或亏损（允许向后结转）。它的核心原则是以跨国企业的会计所得为基准并进行少量调整，以确保税基既反映企业的实际盈利能力，又符合国际税收政策目标。税基的计算将参考企业按照国际财务报告准则（IFRS）或其他公认的会计准则编制的财务报表。企业应确保在财务报告和税务申报中应用税基计算规则，并向税务机关提供必要的信息。此外，《声明》对特殊行业做了调整，对于某些行业（如采掘业和金融服务）被排除在支柱一适用范围之外，其税基计算可能需要特殊考虑。在某些特殊情况下（如企业重组或重大资产处置），可能需要进行额外的调整。

6）避免双重征税

支柱一提出了明确的双重征税消除机制，确保跨国企业的利润在不同国家之间公平分配，同时避免因重复征税对企业造成的负担。支柱一提供了两种主要方法来消除双重征税，具体选择取决于各国的税收政策和双边税收协定（见表3-1）。

表3-1　　支柱一提供的避免双重征税的方法

	免税法	税收抵免法
定义	免税法是指在BEPS支柱一框架下，市场国家对跨国企业分配至其辖区的金额A利润不直接征收企业所得税，而是允许企业在计算其全球应税利润时，将该部分利润予以扣除的税收处理方法	税收抵免法是指在国际税收规则框架下，市场国家对跨国企业分配至其辖区的利润（如金额A）行使征税权，但同时允许企业在计算其全球应税利润时，抵免在其他管辖区已缴纳的税款
操作方式	当跨国企业的利润被分配到市场国家时，市场国家不对这部分利润征税，从而避免重复征税	企业可以在市场国家的应纳税额中抵免其在其他国家已缴纳的税款，从而避免双重征税

在支柱一中，双重征税的范围不仅包括跨国企业分配到市场国家的利润（金额A）本身，还涵盖了与金额A相关的所有税收问题，例如转让定价争议、业务利润纠纷以及其他可能涉及的税收事项。这意味着，当企业因金额A的分配或相关问题与市场国家产生争议时，这些争议将通过强制性和约束性的争端解决机制得到全面处理，以确保不会因重复征税对企业造成额外负担。此外，对于发展中国家，还提供了可选择的约束性争端解决机制，进一步保障税收确定性，避免因金额A相关问题导致的双重征税风险。

支柱二是OECD/G20防止税基侵蚀和利润转移（BEPS）项目的重要组成部分，旨在通过建立全球最低税规则，确保跨国企业（MNEs）在其经营的各个司法管辖区缴纳公平的税款，防止企业通过利润转移和税基侵蚀手段降低全球税负。支柱二包括两部分内容——主体纳税规则（Subject to Tax Rule，STTR）和全球反税基侵蚀规则

（Global anti-Base Erosion Rules，GloBE）。

（1）应税规则优先于全球反税基侵蚀规则

① 避免重复征税：STTR的适用范围主要是对跨国企业支付的特定项目（如利息、特许权使用费）征收有限的预提税。如果STTR已经对这些支付项目征收了税款，那么GloBE（如IIR和UTPR）将不再对同一笔支付进行重复调整。这种优先顺序确保了税收的协调性，避免因重复使用规则导致的双重征税问题。

② 税收协定的优先性：STTR是基于双边或多边税收协定的规则，而税收协定通常具有较高的法律优先级。通过优先适用STTR，可以确保税收协定的条款得到保证，同时为GloBE的实施提供补充。

③ 发展中国家的利益保障：STTR的设计主要考虑了发展中国家的税收利益，允许其对跨国企业的低税支付征收一定比例的税款。优先适用STTR可以确保发展中国家能够从跨国企业获取一定的税收收入，而不被GloBE的补充税机制所取代。

（2）收入纳入规则和低税支付规则

全球反税基侵蚀规则是在辖区内部建立最低税制，包含了收入纳入规则（Income Inclusion Rule，IIR）和低税支付规则（Undertaxed Payment Rule，UTPR），并将最低有效税率设定为15%。当跨国企业在某辖区内的有效税率不足15%时，将按IIR或UTPR征收补足税。

① 适用范围：GloBE适用于全球年营业额超过7.5亿欧元的跨国企业集团，各国可以自行决定是否对低于该门槛的企业适用IIR。政府实体、国际组织、非营利组织、养老基金或投资基金（作为跨国企业集团的最终母公司或控股工具）不适用GloBE。

② 规则设计：两项规则相辅相成，IIR被视为主规则，UTPR可视为IIR的兜底规则。主规则要求跨国企业的母公司在其管辖范围内对跨国企业低税所得补缴相应的税款。在具体执行过程中，IIR采用

层级递进的方式确定纳税主体：若最终母公司所在辖区未实施该规则，则由其下一级实体在所属辖区履行纳税义务，并依此类推逐级执行。在部分辖区未采用IIR且跨国集团实体在辖区内存在低税所得时，其他辖区利用限制费用扣除或补征预提税等进行等额调整方式，对本辖区分配到的补足税进行征收，从而实现税收收益的平衡。

③ 有效税率计算：GloBE通过有效税率计算来确定是否需要缴纳补充税。有效税率的计算基于财务会计收入，并进行少量调整，以符合支柱二的税收政策目标。对于现有的股息分配税制，如果利润在4年内分配并按最低税率征税，则不产生补充税。

④ 税收豁免与简化：首先，公式化实质性豁免（Formulaic Substance Carve-out）被引入。在10年的过渡期内，企业被允许从应税收入中排除一定比例的有形资产账面价值和工资支出，具体为8%的有形资产账面价值和10%的工资支出。过渡期结束后，这些排除比例将逐步降低至5%。此外，还有其他豁免措施。国际航运收入根据OECD税收协定范例的定义被明确排除在应税范围之外。而对于在某一司法管辖区内收入低于1 000万欧元且利润低于100万欧元的企业，则适用小额豁免政策。

3.2.2 OECD双支柱方案的影响

1）对全球税收公平的影响

通过支柱二的全球最低税率和支柱一的利润重新分配机制，有效遏制了跨国企业利用低税地避税的行为，促进了税收公平。同时，支柱一通过联结度规则和利润归属公式，使数字经济背景下的税收分配更加合理，避免了传统经济模式中的不公平现象。

2）对中国的影响

对中国而言，这一方案既有积极影响，也带来了一些挑战。从积极方面看，优化税收环境有助于提高中国在全球税收体系中的竞争力，吸引更多外国投资，同时也有助于推动中国企业加强税务合规管理，提升国际竞争力。然而，跨国企业需适应新的税收规则，这可能增加运营和管理成本。此外，部分跨国企业可能面临双重征税问题，尤其是在不同国家税率差异较大的情况下，这需要进一步国际合作与协调。

3）对其他国家的影响

对于其他国家而言，发达国家受益于全球最低税率的实施，能够确保跨国企业在本国缴纳足够的税款，减少税基侵蚀。而发展中国家则通过补足税机制保护其税收权益，但可能面临税收流失的风险，尤其是在跨国企业利润转移和国际税收竞争加剧的背景下。

4）对国际税收体系的影响

双支柱方案对国际税收体系的影响也是多方面的。一方面，它推动了各国在税收领域的合作进一步深化，为解决数字经济带来的税收挑战提供了新的路径，促进了国际税收规则的协调与统一。另一方面，其实施仍面临诸多挑战，如不同国家间利益博弈、规则落地的可行性等，这些都需要在未来的国际合作中逐步解决。

3.2.3 各国数字服务税的实践探索、动因与效应分析

1）全球数字服务税的实践探索

数字税，又称数字服务税，指一国政府针对搜索引擎、社交媒体等数字服务领域经营活动且符合一定条件的经济主体所征收的税款。数字服务税主要针对跨国科技企业，如互联网广告、在线平台服务和社交媒体等。各国在课税对象和起征点上存在差异。例如，法国的DST对全球收入超过7.5亿欧元的企业征收3%的税率；而英国则对数字服务收入超过200万英镑的企业征税。此外，一些国家采用反向征

税机制或双重纳税门槛来避免重复征税。

截至2024年，已有超过40个国家和地区实施或计划实施数字服务税，包括英国、法国、奥地利、意大利、西班牙、土耳其、肯尼亚、西班牙等。其中，欧洲国家或地区如英国、法国、意大利等较早开始探索并实施该税种，税率通常在2%~3%之间。此外，印度、日本、新加坡等亚洲国家或地区也采取了不同的征收方式。数字税已开征部分国家一览表见表3-2。

表3-2 **数字税已开征部分国家一览表**

序号	国家	生效日期	税率	征税范围	摘要与说明
1	英国	2020年4月1日	2%	搜索引擎、社交媒体平台和在线市场从英国用户获得的收入，且全球收入超过5亿英镑且其中2 500万英镑来自英国用户	英国数字税针对大型科技公司从英国用户获取的收入征收，旨在确保这些公司缴纳公平的税款。该税种不设明确的终止条款，但英国政府计划在2025年进行审查
2	土耳其	2019年1月1日(数字广告预提税)；2020年3月1日（数字服务税）	数字广告预提税为15%，数字服务税为7.5%	数字广告服务、音频/视觉/数字内容销售、数字平台运营等	土耳其的数字税旨在对通过数字服务获得收入的公司征税，税基为相关服务的总收入
3	印度	2020年4月1日	2%	外国公司从印度用户获取的数字服务收入	印度的数字税主要针对外国数字服务提供商，旨在确保其在印度的经济活动缴纳税款

续表

序号	国家	生效日期	税率	征税范围	摘要与说明
4	法国	2019年1月1日	3%	定向广告相关的数字销售收入、基于广告用途的个人信息数据营销收入及基于数据的在线平台中介服务收入	全球数字业务年营业收入至少7.5亿欧元、在法国年营业额超过2 500万欧元的企业；符合标准的互联网企业30余家，预计2019年带来4亿欧元收入，2022年增至6.5亿欧元
5	韩国	2024年1月1日	15%（全球最低税）	全球收入超过7.5亿欧元的跨国公司	韩国是首个实施经合组织（OECD）全球最低税制的国家，该税制旨在防止跨国公司通过利润转移避税
6	意大利	2020年1月	3%	在线广告以及通过数字接口收集和生成的数据的传输	全球数字服务年营业额超过7.5亿欧元、在意大利年营业额不少于550万欧元的企业，有望每年为财政增收6亿欧元；仅影响企业与企业之间的B2B交易和服务，比如谷歌等，但不包括奈飞等数字内容流媒体服务

续表

序号	国家	生效日期	税率	征税范围	摘要与说明
7	日本	2015年10月	8%	数字企业	年度起征点为营业额1 000万日元
8	新加坡	2020年1月1日	7%	跨境数字企业进口服务	对从境外进口服务的新加坡消费者和企业征收，每年新增9 000万元的税收收入

资料来源：邱峰. 数字税的国际实践及启示［J］. 西南金融，2020（3）：16-17；黄健雄，崔军. 数字服务税现状与中国应对［J］. 税务与经济，2020（2）：86；以及根据其他公开信息整理。

（1）欧洲国家的实践

①法国数字服务税的实施

法国是第一个实施数字服务税的欧盟成员国。法国《数字服务税法案》于2019年7月24日通过，标志着法国数字服务税（DST）的正式实施。该法案明确了征税对象，以美国互联网企业为主，但是也包括全球年营业额超过7.5亿欧元（折合57.98亿元人民币）且在法国境内营业额超过2 500万欧元（1.94亿元人民币）的他国大型数字企业。该法案明确了征税的数字服务范围。一是多边数字平台。数字服务税范围内的业务活动包括提供用户与其他用户进行交互的数字平台，还有为用户直接提供商品或服务的平台。二是在线广告服务。为广告商提供的服务，即通过在数字平台上收集的个人数据，为广告商定向投放目标广告。该法案明确了税率和计税收入。法国采用了欧盟提案中建议的税率，对数字平台提供数字服务所产生的收入征收3%的税。数字平台的收入来源地与用户的位置有关，如果在相关纳税年度内平台的一位用户位于法国，则该服务将被视为在法国提供。

②英国数字服务税的实施

英国政府于2019年7月发布了《2019—2020年财政法案》，数字服务税计划从2020年4月开始实施。该项举措旨在确保数字经济领域的大型企业为英国经济作出合理贡献。该法案首先明确了税率和征税对象。英国主要针对社交媒体平台、搜索引擎和在线市场（不包括金融和支付服务）这三类数字服务活动的收入征收2%的数字服务税，并非所有企业的上述三类数字服务活动收入都需纳税。作为征税对象企业的全球营业额必须超过5亿英镑，并且其与英国相关的数字服务营业额必须超过2 500万英镑，这意味着企业获得的前2 500万英镑的收入予以免税。其次，“安全港”制度避免双重征税。如果该企业在别国已经被征收了类似于数字服务税的税，英国数字服务税就可以减半征收。

③意大利、西班牙等国的数字服务税实施

意大利的数字服务税（DST）税率为3%，针对数字广告、多边数字界面和用户数据传输的总收入征收。该政策适用于满足以下双重经济门槛的企业：全球范围内年度总收入超过7.5亿欧元，同时在意大利境内产生的应税收入超过550万欧元。不过，2025年预算法的拟议变更可能会取消这些门槛，使所有在意大利产生数字收入的企业都需缴纳DST。对美国科技公司的影响：意大利的税收制度给美国科技公司带来了巨大的运营负担。DST基于总收入而非利润征收，这对利润率较低或在增长方面大量投资的公司影响较大。此外，非欧盟供应商的增值税要求以及针对电子接口的详细报告要求进一步增加了行政复杂性和合规成本。

西班牙的数字服务税税率为3%，针对数字中介服务、数字广告和用户数据销售的收入征收。该政策适用于满足以下双重经济门槛的企业：全球范围内年度总收入超过7.5亿欧元，同时在西班牙境内产生的应税收入超过330万欧元。企业需按季度进行税务结算，并且报告要求不断增加。2025年，西班牙还引入了新的平台规则，增加了预估数据调整、扩大增值税义务等复杂性。

（2）其他地区的实践

以印度为例，印度对数字服务的税收政策近年来经历了多次变化，主要涉及实施平衡税制度和商品及服务税制度。印度于2016年引入了平衡税，最初针对的是数字广告服务。对印度居民企业或在印度境内设有常设机构的非居民企业向非居民服务供应商支付数字广告服务款项累计超过10万卢比的征收6%的平衡税。2020年，印度通过了《2020财政法案》，平衡税的适用范围被扩大，包括了企业对企业和企业对消费者的交易。该税适用于年收入超过2 000万卢比的数字服务企业，并由电子商务运营商直接支付。由于该税征收门槛低，几乎所有在印度市场运营的外国科技公司都被该税覆盖。印度的商品及服务税制度是指，自2023年10月1日起，海外在线信息和数据库访问检索提供商需对其在印度提供的服务缴纳高达18%的商品及服务税。这一变化结束了之前海外公司相关服务的税收豁免。商品及服务税的税收责任基于服务接收者的位置来确定。位于印度境外的在线信息和数据库访问检索服务提供商需要遵守商品及服务税的规定，包括注册和提交商品及服务税的申报。

2）数字服务税的动因分析

（1）增加财政收入

数字服务税为许多国家带来了新的财政收入来源。例如，法国通过DST增加了国内财政收入，同时遏制了大型科技企业的垄断力量。英国的DST法案也旨在恢复税收公平性。近年来欧洲经济增长缓慢，财政预算支出压力增大，急需开辟新的税源来缓解财政困境。征收数字税可以有效缓解财政压力。现行的国际税收规则在数字经济领域存在诸多漏洞，为逃税和避税提供了灰色空间，导致巨额税款流失。面对美国的冲击，英法等国被迫考虑下调企业所得税税率，这进一步加大了财政资金缺口。以法国为例，居高不下的社会福利支出导致政府债务持续攀升，财政压力日益加剧。2018年11月爆发的“黄马甲”运动，正是民众对跨国企业避税现象以及自身税负过重问题的集中反映。为了缓解社会矛盾，法国政府于同年12月宣布了一项总额达100亿欧元的财政福利计划，这一举措使得原本紧张的财政状况进一步恶化。2019年1月，法国政府进一步实施减税政策，取消了加班税和燃油税，一系列举措加剧了财政收支矛盾。受此影响，法国的财政赤字可能再度超过欧盟。在这种背景下，法国推动数字税的征收，不仅能够缓解财政压力，还能回应民众诉求。

意大利在2020年面临财政压力，为避免上调企业营业税对国内经济造成负面影响，政府积极推动数字税的立法工作，计划对亚马逊等跨国科技巨头征收3%的数字税。

从欧盟整体来看，2019年6月公布的“地平线欧洲”计划（2021—2027）所需投入的资金远超过之前的“地平线2020”计划，进一步加剧了财政压力。同时，难民危机和英国脱欧盟导致欧盟每年新增约100亿欧元的资金缺口，财务状况更加紧张。即便不考虑欧洲国防的开支，欧盟的财政也已入不敷出。这种背景下，数字经济的税收改革显得尤为迫切。

此外，欧洲经济的复苏依然缓慢，2024年欧元区经济增长仅为0.7%，欧盟整体增长0.8%，且2024年第四季度欧元区经济环比零增长。欧洲央行预计2025年欧元区经济增长仅为1.1%，2026年增长1.4%。在经济低迷的背景下，欧盟各国需要在削减赤字和保持适当财政支出强度之间找到平衡。因此，数字税的征收不仅是应对财政压力的手段，也是推动经济转型和提升竞争力的重要举措。

（2）解决经济调节问题

数字服务税对经济的影响复杂且多面。一方面，它提高了跨国企业的合规成本，增加了企业的运营负担。例如，企业需要投入更多资源来应对不同国家的税收政策差异和复杂的申报流程。另一方面，数字服务税可能对就业和经济增长产生负面影响，尤其是在短期内，企业可能因成本上升而减少投资和招聘。此外，由于税率和征税范围的差异，数字服务税可能引发国际贸易摩擦和不公平竞争。例如，美国与欧盟在数字税问题上存在严重分歧，美国曾对欧盟部分国家征收数字税的行为发起“301调查”，并威胁实施贸易制裁。这种紧张关系不仅影响了美欧之间的经济关系，也对全球经济合作带来了不确定性。

欧盟成员国的数字经济在GDP中的占比呈上升趋势。2017年统计数据显示，德国、英国、法国的数字经济占比分别达到61.4%、60.3%和40.3%。然而，数字经济的高质量发展需要有效引导和规范，当前的监管体系尚未能适应其快速发展的态势。监管滞后导致数字经济与传统经济部门之间的资源配置失衡，影响了整体经济运行效率。

数字税作为重要调节工具，通过差异化税率调节数字服务利益分配，引导企业行为与社会经济发展相协调。同时，它也是欧盟获取数字经济数据、提升治理水平的重要工具。统一数字税收标准的建立，使欧盟能更有效地收集企业数据、监控行业动态，强化资金流和数据流的溯源管理。这不仅提升了监管效能，还完善了监管体系，遏制了垄断和不正当竞争行为。

（3）促进税收公平

互联网企业凭借虚拟性的特征，能够摆脱传统经济模式下对实体场所的依赖，从而可以在全球范围内灵活地开展业务。然而，现行税收规则未能及时适应数字经济的实践，难以对数字企业经营活动产生有效制约，进而无法管控逃税、避税行为。传统税制与数字经济之间的不匹配，使得数字企业能够减少或规避本应承担的税收责任，进而导致不同类型企业间竞争环境失衡。

数字革命极大地改变了企业创造价值的方式，但现行通用税收规则主要基于传统经济设计，难以全面涵盖互联网企业基于数据和无形资产的经营活动。互联网企业的全球性税务转移变得更加便捷，其经营范围的跨区域性和盈利模式的数字化，使得它们能够横跨多国提供数字服务。实践中用户所在国难以对其实施有效监管，进一步增加了这些企业在各国利润量化和征税的难度。

在欧盟，线上和线下企业的税负失衡问题尤为突出。2018年，全球科技公司的平均税率仅为9.5%，远低于传统企业23.2%的平均水平，即科技企业的有效税率不足传统企业的一半。这种税负差异不仅削弱了本土创业企业的竞争力，还导致数字经济领域的垄断现象愈发严重。过去7年中，跨国互联网巨头的年收入平均增长率达到14%，而其他类型跨国企业仅为0.2%~3%。这种现象在欧洲尤为明显，美国互联网巨头利用现行税收规则的漏洞，使其纳税额远低于法国等本土企业，导致后者在市场竞争中处于劣势。

数字税的开征理念旨在营造优良的竞争环境，确保所有企业享有平等的待遇并承担合理的纳税义务。此外，征收数字税还有助于解决个人数据价值的合理配置问题。数字企业通过收集个人数据用于价值创造，但社会公众却未能足额分享自身数据所带来的收益。例如，欧盟每天产生约7.5亿次互联网搜索和1.5亿条信息，这些数据为企业创造了可观的财富，但互联网巨头支付的费用却远远低于其获取的利润。因此，数字税成为解决这一问题的重要探索方向，旨在通过税收手段调节数字经济中的利益分配，推动数字经济的健康发展。

3）数字服务税的效应分析

（1）美国、欧盟围绕数字税对峙升级，进一步激化贸易摩擦，加剧税收利益博弈

随着经济数字化进程的推进，国家间的利益平衡被打破，而数字税的开征再度刺激欧美贸易争端。2019年以来，法国率先在全球范围内实施数字税法案，并声称该法案旨在“恢复税收公平”，但实际触动美国互联网巨头的奶酪，对美国科技巨头产生重大影响。法国、美国就数字税问题反复拉锯，引发的矛盾不断升级。

意大利、奥地利等国也纷纷效仿，开征数字税，这无疑进一步加剧了美欧之间的贸易紧张局势。近年来，欧美经贸摩擦持续升级，包括钢铝关税、汽车关税、航空补贴、农产品准入等问题均未得到妥善解决。数字税争端成为焦点之一。美国以数字税违反国际税收规则、科技企业遭遇不公平对待为由，于2019年7月启动了对法国的“301调查”，这是美国首次针对数字税问题采取行动。经过四个月的调查，美国于同年12月2日宣布，计划对价值24亿美元的法国进口商品征收最高100%的关税。类似的调查也可能扩展到奥地利、意大利和土耳其等已实施或计划开征数字税的国家。尽管如此，欧洲国家就征收数字税的问题仍达成统一，准备予以还击。

数字税争端不仅是美欧贸易摩擦的具体体现，更是双方在保护本国优势产业、争夺经济利益以及全球经济治理主导权方面的战略博弈。美国坚持认为，数字税违背了国际税收政策的基本原则，并对美国科技企业构成了不公平竞争。然而，欧洲国家则认为，数字税是应对数字经济税收漏洞、确保税收公平的必要手段。这一争端反映了全球经济治理规则在数字经济时代的深刻变革需求。

（2）谷歌首先受罚——互联网监管一再升级

2019年，谷歌与法国司法部门达成和解，谷歌支付5亿欧元的罚款和4.65亿欧元的额外税款，以结束因涉嫌逃税而引发的长期诉讼。此次和解基于法国2019年7月通过的《数字税法案》，体现了法国在数字税收监管方面取得的实质性进展。除谷歌外，其他互联网巨头也面临类似的审查和追责。

事实上，欧盟、日本、韩国等早已对互联网巨头的逃税、避税行为展开调查，并多以补缴高额税款或罚款而告终。例如，谷歌曾在2016年与英国税务部门达成和解，支付1.3亿英镑的税款，2017年又与意大利达成协议，支付3.06亿欧元。谷歌与意大利达成和解，支付3.26亿欧元以解决2015年至2019年期间的税务问题。

鉴于追缴欠税案件久拖不决，欧盟更加重视构建全区域性的数字税收体制。面对全球监管压力，美国互联网巨头通过吸纳前司法部反垄断官员来扩充其内部合规团队，为适应新的监管形势积极准备。

此外，美国对欧盟数字税的回应也较为强硬。2025年2月，美国总统特朗普签署备忘录，指示美国贸易代表办公室重启对数字服务税的调查，并考虑对相关国家实施关税报复。这一举措显示了美国对数字税问题的强硬态度，同时也反映出美欧之间在数字经济税收问题上的持续博弈。

（3）可能损害法国等欧洲科技企业利益，最终效果或难达预期

看似美好的数字税，可能无法达到预期效果助力企业发展。其主要原因在于，大多欧洲互联网企业高度依附于美国科技巨头的产业链，数字税的实施可能导致税负沿着产业链向下传导，最终由处于产业链下游的欧洲企业承担，制约本土企业的成长。

美国互联网巨头往往处于产业链和价值链上游的主导地位。而欧洲本土国家的科技企业规模小，业务多依赖于跨国巨头，跨国巨头极

易将被征收的数字税转嫁至下游互联网企业，从而制约本土企业的发展。数字税的征收不仅压缩了互联网巨头的利润空间，还可能迫使其调整运营模式。例如，Meta公开表示，数字税将对其商业模式造成挑战，需要重新设计业务策略。针对法国数字税法案，亚马逊采取了应对措施，自2019年10月1日起拟对法国卖家提高佣金费率标准，涨幅3%，从而将税负转嫁给使用Marketplace的零售商和消费者。这一举措不仅违背了法国开征数字税的初衷，还可能进一步压缩欧洲本土企业的生存空间，加剧市场竞争的不平衡问题。

此外，《法国数字税经济影响评估报告》指出，数字税的负担最终可能主要由消费者和网上卖家承担，比例高达55%和40%，而大型科技公司自身仅承担约5%。这种税负分配的不均衡，使得数字税在减少互联网巨头利润的同时，也可能抑制数字经济的整体增长和创新。

（4）加深欧盟内部的分歧，不利于构建欧盟统一市场

互联网经济快速发展催生数字税治理新需求，但欧盟内部在数字税上未形成统一立场，政策推行步履维艰。成员国间的分歧不仅可能削弱欧盟的内部凝聚力，还可能对欧盟统一市场的建立造成负面影响，欧洲科技企业难以实现可持续发展。

首先，部分大国的态度较为犹豫。以德国为例，德国最初于2018年6月力挺法国实施数字税，但如今主要担忧美国可能将数字税视为贸易保护主义行为，并以提高德国汽车进口关税作为报复性回应，因此态度犹豫。

其次，围绕数字税的存废问题，欧盟诸国的利益分歧严重，形成了两大阵营。一些低税率的欧盟国家依赖跨国互联网巨头带来的经济利益，担心数字税会降低对外资的吸引力，导致大型互联网企业在本国的市场份额下降。此外，部分国家还担心数字税会冲击传统产业的

“先发展后盈利”的创新发展模式，引发双重征税问题，甚至招致美国的关税报复。

3.2.4 国际经验对我国数字经济企业所得税税制的启示与借鉴

数字经济的迅猛发展对传统企业所得税税制提出了新的挑战，在保障国家税收利益的同时，促进经济的可持续发展，成为我国税制改革的重要课题。借鉴国际数字税探索的经验，对我国企业所得税税制的优化提出几点启示与借鉴。

1）完善税收管辖权规则，防范税收流失问题

数字经济具有虚拟性和流动性，实现跨境服务，传统以物理存在为基础的税收管辖权规则难以适用。近年来，法国、英国等国家在数字税政策中引入了“显著经济存在”规则，将数字企业在境内的用户规模、收入规模等作为判定税收管辖权的重要依据。这一规则突破了传统常设机构的认定标准，强调数字企业在消费地的经济活动和价值创造。我国可借鉴这一经验，完善企业所得税法中关于常设机构的认定标准，将数字企业在境内的“显著经济存在”纳入税收管辖范围。具体而言，可以将数字企业在境内用户的活跃度、交易规模以及数据收集与使用情况等作为衡量“显著经济存在”的关键指标，从而确保税收管辖权与经济活动的实际发生地相匹配。

与此同时，数字经济的价值创造高度依赖用户参与。用户不仅是数字产品和服务的消费者，更是数据的提供者和价值的创造者。我国可探索将用户参与度作为利润分配的重要因素，在税收协定谈判中争取更大利益。例如，通过引入用户数据价值评估机制，将用户参与对利润的贡献纳入税收分配考量，从而更准确地反映数字经济的价值创造过程，防止跨国数字企业通过转移利润逃避税收。

2）优化税基界定和利润归属规则，防止税基侵蚀和利润转移

明确数字服务收入范围是防止税基侵蚀的基础。各国数字税政策均对数字服务收入范围进行了明确界定，我国可借鉴其经验，在税法中明确数字服务收入的具体范围。具体而言，可以将数字广告、数据销售、在线平台服务、搜索引擎服务等纳入数字服务收入的范畴，并通过列举法和排除法相结合的方式，确保税基的清晰与稳定。

为降低企业合规成本，可借鉴英国数字税政策，引入“安全港”规则。对于符合条件的小型数字企业，免征数字税或提供税收优惠，从而减轻其税收负担，鼓励创新和中小企业的发展。同时，“安全港”规则可以为企业提供明确的税收指引，降低税收不确定性，促进数字经济的健康发展。例如，可以设定年收入、用户规模等门槛，对低于门槛的企业适用“安全港”规则，而对超过门槛的企业则严格适用数字税政策，从而实现税收政策的公平性和灵活性。

3）加强国际税收合作，共同应对数字经济税收挑战

数字经济的跨境特征使得国际税收协调成为应对税收挑战的关键。我国应积极参与OECD等国际组织关于数字经济税收规则的制定，争取更多话语权，维护我国税收利益。通过参与国际税收规则的制定，我国可以在全球税收治理中发挥更大的作用，推动建立更加公平、透明的国际税收秩序。同时，我国应加强与主要数字经济伙伴国的双边和多边税收合作，避免双重征税，共同打击国际逃避税行为。例如，通过签订双边或多边税收协定，明确数字经济税收的管辖权和利润分配规则，建立跨境税收信息共享机制，加强税收征管合作，共同应对数字经济带来的税收挑战。

在全球数字经济快速发展的背景下，我国数字经济企业所得税税制的优化不仅是应对税收挑战的需要，更是推动数字经济健康发展的必然选择。通过完善税收管辖权规则、优化税基界定与利润归属规则

以及加强国际税收合作，我国可以构建更加公平、高效且适应数字经济发展的企业所得税税制。

3.3 数字经济下我国企业所得税税制要素面临的挑战及对策建议

3.3.1 数字经济下我国企业所得税税制要素面临的挑战

1）纳税主体方面

（1）纳税主体识别困难：在传统经济模式中，实体经济占主导地位。企业生产经营场所固定，经济活动集中，税源分布较为均匀。税务部门可以及时跟踪并掌握企业交易过程中的税源信息，纳税主体识别便利。然而，数字经济背景下，企业交易呈现出远程、虚拟化、网络化等特点，数字经济企业在利润来源国的经济活动不依赖物理场所，税务机关难以准确识别纳税主体，导致来源国难以对其征税。

以自媒体领域为例，众多用户在抖音、小红书等数字平台上发布原创短视频、发表个人观点、进行内容创作等，平台因此获得“额外”收入。在这一过程中，用户和企业都应对其相应收入进行纳税。然而，并非所有应税行为都直接产生相应的纳税行为。如何在纷繁复杂的企业交易中准确识别纳税主体，成为税收征管的难点。

（2）跨境交易纳税主体复杂：在数字经济背景下，跨境交易的纳税主体涵盖了全球范围内的互联网企业和个人，交易范围涉及多个国家和地区。纳税主体的确定以及税收管辖权的划分变得困难，加之不同国家的税收法律制度、税率和税基也存在差异，进一步加剧了对数字经济纳税主体识别和征税的难度。

2）课税对象及征税范围方面

（1）课税对象难以确认

课税对象是企业所得税最基本的要素，即对纳税人取得的所得进行征税，因此准确划分企业收入的类型至关重要。在传统经济模式下，企业产业结构单一、经营场所固定、收入来源清晰，课税对象的界定相对明确。然而，在数字时代，课税对象的准确判定复杂且困难。首先，随着数字经济的快速发展，企业提供的产品与服务日益数字化，知识产权、专有技术、数据等无形资产逐渐成为企业重要的生产要素，加速了企业资产的流动。无形资产逐渐“取代”有形资产，成为新的课税对象，导致课税对象变得模糊，收入类型难以准确确定。例如，数字产品的典型代表，数字专辑借助信息通信技术，音乐类专辑得以数字化，在数字专辑的交易过程中，难以界定该项收入是销售货物收入还是特许权使用费收入，这部分收入界定困难给税务机关的企业所得税征管带来了挑战。

（2）征税范围难以界定

数字技术与传统产业的深度融合使得征税范围的界定更加困难。传统产业与数字产业协同创造价值已成为普遍现象，如何合理区分两类产业的收入所得并据此确定相应的课税对象，显著增加了税务机关的征管难度。以互联网金融为例，资金融通渠道已不再局限于传统银行体系，通过互联网平台获取资金进行实体投资活动的现象日益普遍。然而，在现行企业所得税制度下，税务机关难以准确界定此类活动的课税对象，进而无法有效征税。

3）税率无法合理设置

数字经济的发展给企业所得税税率设置带来挑战。一方面，数字经济价值创造模式复杂，数据价值难以通过传统方法量化，导致企业利润被低估，税基难以准确衡量。同时，数字企业依赖无形资产，利润分配不透明，跨国企业还可能通过转让定价将利润转移至低税率地区，进一步加剧了税基侵蚀问题。

另一方面，数字经济模糊了纳税主体和收入来源，平台经济模式下，企业、个人和服务提供者之间纳税主体难以确定，收入来源多样化，纳税主体难以界定。此外，传统税率设计难以适应数字经济轻资产、高利润的特点。同时，税收征管能力不足，数字交易隐蔽性强，制约了税率优化。

3.3.2 完善我国企业所得税税制要素的对策建议

1）纳税主体方面

（1）完善纳税主体登记制度：建立适应数字经济特点的纳税主体登记制度，加强对新兴行业纳税主体的监管。针对平台经济、共享经济等新模式，制定明确的纳税主体认定标准，如依据实质性经营活动、用户所在地、数据存储地等因素。

（2）加强国际合作：加强与其他国家和地区的税务部门合作，共同打击跨境逃税和避税行为。更新税收协定，确保其在数字经济环境下的适用性，防止双重征税或避税。

（3）加强税收征管能力：加强税务人员对数字经济税收政策的学习，提升识别和应对新型商业模式的能力。加强对企业的税收政策宣传，帮助企业理解数字经济下的税收政策，增强纳税意识。

（4）修订常设机构认定规则：放宽常设机构认定条件，将虚拟常设机构纳入认定范围，如网站、服务器等。

2）课税对象及征税范围方面

在数字经济背景下，数字企业的交易多在线上进行，资产灵活多样，无形资产具有高度流动性和跨境转移的复杂性。因此，建议坚持实质重于形式原则对企业所得定性，依据企业交易实质而非形式划分所得性质。例如，企业设立了常设机构并通过该常设机构出售其无形资产与服务，进而获取特许权使用收入，建议将此项收入划分为常设机构的营业利润进行征税。

其次，建议对无形资产进行细分。我国可以参考OECD及其他国家经验，把无形资产细分为营销型无形资产与研发型无形资产，并结合我国具体国情，制定数字经济下符合国情的判定标准及属性特征。

此外，建议将企业所得税征税范围扩大到数字产品，以解决数字经济背景下难以确定数字企业课税对象的问题。在政策实施初期，可参照与传统产品性质相似或相近的税收规定对数字产品征税。随着政策的深入推进，应及时调整和完善相关税收规则，例如更新课税对象的概念或引入数字服务税，以明确数字经济环境下课税对象的性质，确保税收制度的公平性和有效性。

3.4 数字经济背景下企业所得税征管问题研究

3.4.1 数字经济背景下我国企业所得税税收征管的现状

在数字经济背景下，我国税收征管面临许多新问题和挑战。尽管国际社会对数字经济税收问题的讨论已持续多年，OECD等国际组织也提出了多项改革方案，但我国目前尚未出台直接应对数字经济税收挑战的具体政策，尤其是与企业所得税直接相关的政策规定。然而，为了适应数字经济的发展，我国在某些领域已经采取了一些措施。

1）课税主体相关政策

数字经济催生了多种新型商业模式，如电子商务、在线广告、应用软件商城和在线支付服务等。这些模式对传统税收制度产生了深远影响。例如，电子商务作为数字经济的早期形态，各国政策制定者很早就意识到其对传统税收制度的冲击，并开始研究相关税收政策。我国近年来也逐步完善了电子商务领域的税收政策，并于2018年颁布了《中华人民共和国电子商务法》，从法律层面明确了电子商务从业者的纳税义务，为优化数字经济下的营商环境提供了法律保障。

2）税收管辖权相关政策

随着经济全球化的发展，企业跨境经济活动日益频繁，我国企业所得税的征管活动逐渐国际化。然而，数字经济的快速发展对税收管辖权的行使提出了新的挑战。企业可以通过数字手段在虚拟网络空间完成交易，规避传统税收规则中的“实际管理机构”和“机构场所”条件定义，从而导致税收流失风险。我国在对外签订的避免双重征税协定中虽有所调整，但并未彻底改变以“物理实体存在”为要件的常设机构定义，这与数字经济发展的现实情况不符。

3）应税所得相关政策

我国现行企业所得税制度要求通过公式计算企业的年度应税所得额，并对所得性质进行划分。随着信息化办公系统的普及，企业财务信息逐渐以电子数据形式存储于网络服务器中。为此，我国出台了一系列政策措施，要求税务机关充分利用电子数据资料确定企业应税所得，并明确了纳税人的账簿、凭证管理规定。例如，《中华人民共和国电子商务法》规定平台有义务向税务机关报送经营者身份信息和纳税信息，这为税务机关确认应税所得提供了便利。

4）国际背景与我国应对策略

国际上，OECD自2013年起便致力于研究数字经济税收问题，并预计在2021年中期给出最终方案。我国一直积极参与国际税收规则的制定，并在共建“一带一路”倡议下与共建国家合作，推动形成公平合理的国际税收秩序。然而，由于数字经济的复杂性和跨境特性，国际社会尚未达成一致意见，部分国家已采取单边措施（如数字服务税），而我国则更倾向于通过多边谈判和国际合作推进数字税立法实践。

近年来，随着数字经济的快速发展，税收征管面临新的挑战和机遇。我国在应对这些挑战的过程中，通过一系列改革措施和技术手段，逐步实现了税收征管的现代化和智能化。

5）税收征管改革的基本原则与实践

我国的税收征管改革始终坚持“简税制、宽税基、低税率、严征管”的基本原则，以适应数字经济时代的需求。这一原则不仅体现在政策层面，也通过具体实践得以落实。例如，金税工程作为我国电子政务的重要组成部分，自1994年启动以来，已经发展到第四期（金税四期），并不断升级完善。金税三期实现了全国税务系统联网和数据集中，为税务机关提供了强大的数据处理能力，为税收执法规范化和纳税服务统一化提供了有力保障。

金税四期则进一步推动了税收征管的数字化转型，通过大数据、云计算、人工智能等技术手段，实现了对纳税人涉税信息的实时监控和分析，提高了税收征管的效率和精准性。此外，金税四期还推动了电子发票的全面推广，为纳税人提供全天候服务，显著降低了征纳成本。

6）数字化技术在税收征管中的应用

数字经济时代，大数据、区块链、人工智能等新兴技术被广泛应用于税收征管中，极大地提升了税收管理的效率和准确性。例如，大数据分析通过整合涉税数据，使税务机关能够更精准地识别企业的经营行为和潜在风险，从而提高税收遵从度。区块链技术以其去中心化、防篡改的特点，被用于支持税务数据的安全交换和共享，增强了税务部门间的协同治理能力。AI技术优化税务执法和纳税服务流程，提高智能化水平，减少人为干预。这些技术的应用不仅提高了税收征管的效率，还推动了从“以票控税”向“以数治税”的转变。

7）多边税收合作与跨境税收征管

随着数字经济的全球化特征日益明显，跨境税收征管成为一大挑战。我国通过建立“一带一路”税收征管合作机制，加强与国际社会的合作，共同应对数字经济带来的税收问题。同时，区块链等新兴技术也被引入跨境税收征管中，以解决跨国交易中的信息不对称问题。

3.4.2 数字经济下我国企业所得税征管存在的问题剖析

1）常设机构规则被弱化

数字经济时代，商业模式高度数字化，传统经济模式下的常设规则难以解决数字经济下的税收问题。跨境经济活动的税收征管问题面临挑战。在传统经济模式中，来源国通常依据常设机构规则来行使征税权，然而在数字经济时代，由于常设机构的认定标准难以适应新的经济形态，来源国在很多情况下无法认定常设机构，国家税收权益受到严重损害。有学者认为，常设机构规则被规避，是数字经济对企业所得税制度产生的最为重要的影响之一。

一方面，数字经济时代，交易活动空间限制被打破。信息通信技术的突飞猛进使企业得以依托互联网开展全球运营和管理。借助在线网络向世界各地的用户提供数字服务，如软件下载、在线教育、娱乐活动等。这种变革使得以物理存在为要件判断常设机构已然不符合数字经济时代的常设机构要义。

另一方面，数字经济的兴起重新定义了场所的固定性特征。在数字经济中，现代信息网络结构成了主要的基础设施，数据成为交易的核心要素或媒介。数据的存储依赖于服务器，但服务器的位置可以根据企业自身业务需求和运营策略而转移，这就使得以往常设机构认定中场所固定性特征失去了实际意义。例如，一家互联网企业可以在不同国家和地区之间灵活迁移其服务器，以优化运营成本或提升数据处理效率，这使得来源国难以依据固定的场所来认定常设机构。

此外，数字经济改变了场所的营业性。在传统经济中，一些场所可能仅发挥准备性或辅助性作用，如仓储设施，主要用于存放货物，其本身并不直接参与企业的核心经营活动。然而，在数字经济时代，这些场所的性质发生了显著变化，逐渐具备了为企业创造收入的潜力。以跨境电商为例，作为数字经济中较早出现的商业模式之一，其交易过程主要通过在线平台完成，包括合同签订、交易支付以及商品交付等环节。为了提高市场竞争力，跨境电商平台通常会在市场国设立仓储设施，用于存放货物。在这种模式下，仓储场所的重要性大幅提升，其功能不再局限于传统的存储功能，而是成为了企业价值创造的重要组成部分，具备了成为常设机构的可能性。

2）企业某些收入所得定性不明

在我国现行的企业所得税制度中，企业的收入所得按性质不同划分为销售货物收入、提供劳务收入、转让财产收入和特许权使用费收入等，针对不同类型的所得制定了相应的征收规则。这些划分规则在传统经济体系中能较好满足税收管理的需求。然而，数字经济下，产品和服务数字化趋势日益明显。如何对数字产品和数字服务的收入定性，成为当前亟待解决的问题。

数字交易所得的定性问题在学术界和实务界引发广泛争议，主要集中于应将其归类为特许权使用费、劳务报酬还是销售收入。这种定性不确定性不仅增加了企业的税收遵从成本，也给税务机关的征管工作带来显著困难。

以软件交易为例，这种无形的数字化产品的交易过程中，难以清晰区分软件版权和软件产品的概念。尤其是应用软件商城下载的付费软件，交易费用的性质难以明确界定，究竟是属于产品销售收入还是特许权使用费所得。这种模糊性直接影响了企业所得税征收管理。我国现行企业所得税法对收入定性的划分方面，面对数字经济的这些问题时显得力不从心，严重影响了企业所得税的征管效率和准确性。

3）数据价值涉税研究初起步

数据作为数字经济背景下的核心生产要素，其推动数据价值化进程是发展数字经济的内在要求。数据作为生产要素，可按贡献程度参与分配。但在我国现行企业所得税相关法律文件中，涉及数据价值征税的内容有限。如何在企业所得税的征收管理中体现数据价值是当前亟待解决的问题。

（1）数据价值的定价面临挑战。目前，对于数据在商业活动中创造的利润尚未得到合理的评估和认定，存在较大争议。原始数据本身并不能直接产生价值，经过企业收集、处理、分析、挖掘后才能转化为有价值的数据。许多数字企业正是通过此途径来获得商业利润，但数据增值的具体范围和方式尚未明确纳入税收征管体系。

（2）数字产品和数字服务在使用过程中产生的地域性数据价值归属难以确定。例如，数据来源地是否可以对自身数据创造的利润征收企业所得税，仍存在争议。同时，当数据的来源地、存储地、分析地和变现地相互分离时，数据产生的利润如何在这些地区之间进行合理分配，尚未有明确的解决方案。理论上，数据增值应该纳入增税范围，但是原始数据本身客观价值和权属问题难以确定，给税收征管带来了困难。

这些问题不仅关系到企业所得税征管中的征税范围、税基、税率以及费用扣除等关键问题，还影响到税收公平性和效率。例如，数据作为一种重要的生产要素，与其他生产要素一样，应纳入税收体系，但目前其税收政策尚不完善。此外，数据资产的税收处理还涉及计税基础的确定、摊销方式的选择以及交易环节的税收管理等复杂问题。

4）企业避税问题仍严峻

在数字经济时代，传统的税基侵蚀和利润转移问题进一步加剧。这种趋势主要源于数字经济特有的商业模式，即企业能够通过在线交易平台和云端支付系统与境外客户进行远程交易，而无须在交易对方国设立实体经营场所。根据现行国际税收规则中的常设机构认定标准，仅通过网络服务器开展跨境交易通常不被认定为构成常设机构，这直接导致了交易发生国的税基流失问题。

其次，数字经济的发展使得跨国企业税收筹划更加复杂，特别是混合错配安排监管难度提高。随着信息技术的快速迭代，大量衍生金融工具涌现，企业间的交易形式进一步复杂多样化。为企业利用混合错配安排进行税务筹划提供了更多空间，也加大了税务机关的监管难度。

此外，企业通过转让定价安排无形资产，进一步加剧了税基侵蚀和利润转移问题。跨国企业通过合同或协议在关联企业之间转移无形资产的所有权和使用权。若这些安排未遵循独立交易原则，并利用不同地区的税收政策差异，可能导致关联企业对无形资产的收入少缴或不缴税款，从而违背税收公平原则。

最后，我国当前的反避税策略在应对数字经济下的避税问题时存在诸多局限性。例如，存在立法层次低、对跨境税源监管缺乏主动性等局限，导致税务机关在跨境税收执法中处于劣势。这些问题不仅影响了我国税收征管的效率和公平性，也对数字经济的发展提出了新的挑战。

3.5 数字经济背景下我国企业所得税税制和征管优化建议

3.5.1 完善企业所得税制度以适应数字经济需求

数字经济的虚拟化和复杂性对传统税收征管提出了挑战。我国应加快数字化税收管理方式的建设，推动税收征管的数字化转型，利用大数据、区块链等技术手段提升税收征管的智能化水平。

1）修订常设机构标准

常设机构的判定对划分税收管辖权问题起到关键作用，因此税务部门应及时修订常设机构的标准。

首先，税务部门应根据常设机构存在形式扩大常设机构概念。数字经济背景下常设机构经常不依赖物理场所存在，许多商品与服务的交易可通过网址、服务器和网络供应商等网络主体来实现，因此，这些网络主体可视为常设机构，并呈现随意性、虚拟性、短暂性等特点。

其次，2019年OECD发布的《形成应对经济数字化税收挑战共识性解决方案的工作计划》中提出“显著经济存在”规则，该规则对现有国际税收规则中的“物理存在”联结度规则进行了延伸，即如果跨国公司通过数字技术与消费者所在国保持着“有目的性和持续性的”互动，则跨国公司在消费者所在国具有“显著经济存在”。例如，一家国际电商平台在某国没有实体店铺，但通过其网站向当地消费者销售商品，并从当地供应商采购商品。如果该平台在某国的销售额达到一定规模，且有大量当地用户，即被认定为有显著经济存在，按照实质重于形式原则，可以认定为在该国设有常设机构，并构成企业所得税的纳税实体。

最后，税务部门可综合运用数字化指标判定常设机构。这些指标涵盖企业域名注册情况、数字平台运营规模以及数据采集能力等多个方面，能够有效评估企业的数字化运营水平。如果非居民企业通过数字信息技术与东道国市场建立持续的商业联系，则视为其数字化程度较高，可判定该非居民企业为常设机构。

2）明确划分所得性质

在数字经济新贸易方式的影响下，基于传统经济的各类所得划分在税收实践中出现较多问题，针对当前税收征管实践中存在的所得性质界定问题，本章建议从以下几个方面完善我国预提所得税制度：

首先，建议修订预提所得税的征收范围。现行正列举式的规定方式已难以适应数字经济发展的需要，可以考虑采用原则性规定代替正列举法，将预提所得税适用范围扩展至数字服务领域。例如，非居民企业凭借在线网络在我国境内提供软件服务、在线广告以及其他数字服务的，我国可以要求有关居民企业代扣代缴预提所得税，从而有效防范某些类型所得由于定性不明产生国家税收流失的风险。

其次，建议加强合同法与税法的协调统一。针对现行税法中存在的概念模糊问题，应当结合合同法相关规定，对数字经济下的交易性质进行明确界定。在税收实务中，以交易双方的合同目的为主要判定标准，重点考察当事人订立合同的目的在于取得所有权、使用权或单纯接受服务。以软件交易所得类型判定为例，当交易目的在于获取软件产品的使用权限时，应将其归类为商品销售收入；若交易实质涉及软件著作权或专利权的许可使用，则应当认定为特许权使用费收入。这种基于权利本源的判定方法，既符合税收法定原则，也有助于实现税收处理的精准化。

最后，建议借鉴国际经验完善特殊数字业务的所得定性规则。我国可以借鉴其他国家对于云计算收入的分类定性的方法，深入研究数字服务行业的经营特点，探索建立符合行业特征的所得性质判定标准。

3）完善修订利润分割法

在数字经济快速发展的背景下，利润分割法作为调整转让定价的重要工具，特别是在可比交易数据匮乏的情况下，展现出独特的优势。然而，为确保其规范使用，需要从多个维度完善相关制度。

首先，应当明确利润分割法的具体适用范围。现行《国家税务总局公告2017年第6号》对“独特贡献”和“业务高度整合”等关键条件的认定标准缺乏具体指引，建议采用列举法进行详细说明。为了防止数字经济下利润分割法被误用、滥用，有必要确立利润分割法的补充性地位，即当存在更合适的调整方法时，应优先选用其他方法，将利润分割法作为辅助手段使用。

此外，建议在利润分割法中体现成本节约和市场溢价理念。在确定利润分配比例时，应当充分评估国内关联企业对价值创造的实质性贡献，在利润分割时充分考虑劳动力和土地等成本因素，准确识别因成本节约和市场溢价带来的超额利润。

最后，应加强实践指导和技术规范。建议税务机关收集典型案例，强化对实际操作以及技术细节方面的指引，不断完善技术操作方面的难点问题。在具体实施过程中，需注意以下要点：一是统一不同核算方法的企业财务口径；二是注意准确界定与关联交易相关的利润范围；三是根据交易类型选择适当的分割因子。例如，对于技术服务类交易，可将研发支出、测试费用等作为分割依据；信息技术服务可采用用户规模作为分配基础；售后服务则可参照销售收入进行分摊。

3.5.2 提升税务机关在数字经济背景下的征管能力

在数字经济背景下，提升税务机关的征管能力需要从技术创新、制度优化和国际合作三个方面入手：

1）依托数字技术赋能税收征管

技术创新方面，税务机关应充分利用大数据、区块链和人工智能等技术，实现税收征管的数字化升级和智能化改造。例如，通过大数据技术建立风险预警机制，提升数字经济下的征管精准度。同时，利用区块链技术推进发票制度改革，实现“信息管税”，确保交易信息的真实性和完整性。税务部门通过全面推广数字化电子发票、建设统一规范的新电子税务局等方式，实现96%的办税缴费事项网上办理，显著提高了办税效率。同时，利用大数据和人工智能技术，税务机关能够构建动态“信用+风险”监管机制，精准锁定高风险纳税人，提升税收监管效能。例如，黑龙江省税务局首创的纳税人智能涉税体检报告，依托税收大数据和风险分析平台，对纳税人的涉税情况进行全方位扫描排查，提前感知涉税风险，及时提醒纳税人享受税收优惠。

2）培养数字经济下的税务人才

税务部门应加快税收征管的数字化转型，优化税收征管流程，建立以数据为核心的一站式数据处理流程，减少环节重复和业务交叉。此外，通过完善相关法律法规，如无形资产转让定价法律，以适应数字经济的发展。例如，镇江市税务局通过构建数据监管“作战指挥图”，实现风险信息的动态展示和实时预警，形成“一局式”数据监管信息库，为基层研判、排查、处置风险信息提供参考。

3）加强税务征管国际合作

税务部门应积极参与国际税收规则的制定，推动构建合作共赢的新型国际税收关系。通过加强与国际组织和其他国家的合作，税务机关可以更好地应对数字经济带来的跨境税收挑战。例如，二十国集团财长和央行行长会议呼吁国际社会尽快解决支柱一金额B的分歧，以推进《实施支柱一金额A的多边公约》的签署和实施。此外，中国税务部门在共建“一带一路”框架下积极拓展国际税收合作，完善税收协定网络，为跨境投资创造确定、有利、合作共赢的税收环境。

3.5.3 利用数字技术支撑和推动税收征管现代化

1）数字技术推动税收征管现代化的路径

数字技术通过大数据、云计算、人工智能、区块链等手段，为税收征管提供了强大的技术支撑，显著提升了税收管理的效率和精准度。例如，大数据分析能够处理海量的税收数据，挖掘潜在的税收风险和异常交易模式，帮助税务机关提前预警和精准打击逃税行为。同时，云计算技术提供了强大的数据处理和存储能力，支持税务系统的高效运行。

2）提升税收征管效率和服务质量

数字技术的应用实现了税收征收的自动化和智能化。例如，全面数字化的电子发票系统不仅简化了纳税流程，还减少了税务漏洞，提高了税收透明度。此外，通过人工智能和机器学习技术，税务机关能够为纳税人提供个性化、精准化的纳税服务，提升纳税人的满意度。

3）强化税收合规与风险管理

借助数字技术，税务机关能够构建智能分析系统，对纳税数据进行深度挖掘和分析，有效识别异常交易和潜在的税务风险。例如，深圳市税务局通过人脸识别技术和大数据分析，实现了纳税人的精准识别和分类管理，提升了税收征管的精细化水平。

4）促进税收政策的优化与创新

数字技术为税收政策的制定和调整提供了数据支持。通过分析纳税行为和经济数据，税务机关能够更科学地制定税收政策，优化税收制度。例如，OECD提出的“税收征管3.0”模式，通过将税收流程嵌入企业和纳税人的日常系统中，减少复杂的申报流程，提升税收确定性。

5）加强国际合作与信息共享

数字经济的跨境特征要求各国加强税收征管合作。通过建立多边合作机制和信息共享平台，税务机关能够更好地应对跨国企业的税收筹划和利润转移行为。我国深度参与共建“一带一路”税收征管合作机制建设。通过定期举办高层对话、开展能力建设项目、共享税收征管经验等务实举措，我国与共建国家拓展多边税收协作网络，为构建公平、高效的全球税收治理体系贡献了中国智慧和中国方案。在此过程中，我国积极倡导“共商共建共享”原则，推动共建“一带一路”税收征管合作机制常态化运行体系，有效促进了跨境投资便利化，为高质量共建“一带一路”提供了有力的税收支撑。

3.6 大数据下企业所得税税务风险指标

3.6.1 风险预警案例

1）风险提示

税务风险扫描会设置很多风险指标，如果超过预警值可能会引起税务风险，因此，企业需要了解大数据背景下的税务风险指标，进而从收入、成本、费用多方面自查，以免引起不必要的税务风险。

2）案例描述

税收征管人员在检查一家当地国有企业时，通过调用“风险预警指标”中的“利润增长率”指标，发现该企业利润增长率和应纳税所得额增长率在2019年忽然出现异常，指标值绝对值大于50%。税收征管人员查看了相关账目资料发现，该企业从2010年起承担了由政府重点扶持的当地港口码头建设项目，建设期2年，建成后当地政府委托该企业经营管理，经营期10年，从2012年起开始有经营收益。2013—2020年企业所得税纳税申报表中申报的所得额及其享受所得税优惠见表3-3。

表3-3　**2013—2020年企业所得税纳税申报表中申报的所得额及其享受所得税优惠**　金额单位：万元

年份	2013	2014	2015	2016	2017	2018	2019	2020
所得额	480	500	560	580	608	830	326	351
适用优惠	免税	免税	免税	减半	减半	减半	25%	25%

随着税收大数据的应用，税务机关可以设置风险预警值，快速找出异常指标，现在我们来测算一下这几年的利润调整后所得额的变化情况，会发现应纳税所得额增长率在2019年前后发生了显著变化。

$$\text{2014年应纳税所得额增长率}=\left[\left(\text{当期应纳税所得额}-\text{上期应纳税所得额}\right)\div\text{上期应纳税所得额}\right]\times 100\%$$

$$=[(500-480)\div 480]\times 100\%=4.17\%$$

$$\text{2015年应纳税所得额增长率}=\left[\left(\text{当期应纳税所得额}-\text{上期应纳税所得额}\right)\div\text{上期应纳税所得额}\right]\times 100\%$$

$$=[(560-500)\div 500]\times 100\%=12\%$$

$$\text{2016年应纳税所得额增长率}=\left[\left(\text{当期应纳税所得额}-\text{上期应纳税所得额}\right)\div\text{上期应纳税所得额}\right]\times 100\%$$

$$=[(580-560)\div 560]\times 100\%=3.57\%$$

$$\text{2017年应纳税所得额增长率}=\left[\left(\text{当期应纳税所得额}-\text{上期应纳税所得额}\right)\div\text{上期应纳税所得额}\right]\times 100\%$$

$$=[(608-580)\div 580]\times 100\%=4.83\%$$

$$\text{2018年应纳税所得额增长率}=\left[\left(\text{当期应纳税所得额}-\text{上期应纳税所得额}\right)\div\text{上期应纳税所得额}\right]\times 100\%$$

$$=[(830-608)\div 608]\times 100\%=36.5\%$$

$$\text{2019年应纳税所得额增长率}=\left[\left(\text{当期应纳税所得额}-\text{上期应纳税所得额}\right)\div\text{上期应纳税所得额}\right]\times 100\%$$

$$=[(326-710)\div 710]\times 100\%=-54.08\%$$

$$\text{2020年应纳税所得额增长率}=\left[\left(\text{当期应纳税所得额}-\text{上期应纳税所得额}\right)\div\text{上期应纳税所得额}\right]\times100\%$$

$$=\left[(351-326)\div326\right]\times100\%=7.67\%$$

由于该企业从事的机场经营项目属于企业从事国家重点扶持的公共基础设施项目的投资经营所得，自项目取得第1笔生产经营收入所属纳税年度起，第1年至第3年免征企业所得税，第4年至第6年减半征收企业所得税。

2015年为享受减免期最后一年，所得额增长远远高于前三年的平均值；而到了2019年，为减免期满后正常纳税的第一年，利润突然降低了54.08%，这时候风险预警指标就提示，这里面存在问题的可能性很大，企业可能存在人为调整收入、多计成本费用的问题，于是需要税务机关实地核查各年度收入及其成本费用情况。

3）案例纠错

了解情况之后，税收征管人员将稽查重点放在了企业的成本费用审核上，通过风险扫描发现，该企业存在“固定资产综合折旧率异常”的风险点，2018年到2019年固定资产综合折旧变动率在20%以上，超过了指标预警值。

具体检查发现，该企业2019年固定资产原值总额42 000万元，折旧总额9 000万元，2018年度所报的折旧率为14.5%。测算可知，2019年固定资产综合折旧率=9 000÷42 000×100%=21.43%。

固定资产综合折旧变动率=（21.43%−14.5%）÷14.5%=47.79%＞20%，因此指标异常，税收征管人员所在税务检查组继续核查了该企业有没有改变固定资产折旧方法、多提折旧的问题。

3.6.2 企业所得税风险控制指标解读

税务风险分析指标是识别税务风险的有力工具，而针对企业所得税而言，应纳税所得额是企业所得税税收风险分析的焦点，单一指标分析以及指标的配比分析是企业所得税税收风险的重要分析方法。当然，风险指标的分析结果有一定局限性，从税务机关工作角度来看，还需要对具体问题进行实地调查与详细解析；但从企业税务风险管控的角度来说，借助风险控制指标，可以降低企业发生税务风险的概率，做好内部自查工作，做到防患于未然。

1）企业所得税税负率

（1）含义及公式

企业所得税税负率是衡量纳税人企业所得税税收负担高低的一个指标，是在一定时期内纳税人实际缴纳的企业所得税税额与利润总额的比率。

企业所得税税负率=实际缴纳税额÷同期利润总额×100%

指标值A=（企业所得税税负率–该行业所得税税负率）÷该行业所得税税负率

$$指标值B=\left(\frac{企业所得}{税税负率}-\frac{企业前三年平均}{所得税税负率}\right)\div\frac{企业前三年平均}{所得税税负率}$$

（2）意义与应用

将纳税人当期企业所得税税负率与纳税人所在地同行业同期平均所得税税负率、纳税人前三年所得税平均税负率相比，明显低于后两者，且指标值A或指标值B≤–20%，则视为异常，可能存在不计或少计销售（营业）收入、多列成本费用、扩大税前扣除范围等问题。

【案例1】某纳税人2024年度汇算清缴数据显示，该年度纳税人实际缴纳企业所得税税额301 273.39元；该年度纳税人申报的会计利润总额为2 450 159.81元；该地区同行业同期所得税平均税负率为18.64%。

请思考：该纳税人是否存在少缴企业所得税的风险？

【解析】

该纳税人企业所得税税负率=301 273.39÷2 450 159.81×100%=12.30%

该地区同行业同期所得税平均税负率为18.64%。

指标值A=（12.30%−18.64%）÷18.64%=−34.01%

该纳税人的实际税负率显著低于同行业平均水平，存在潜在的所得税缴纳不足风险，需进一步核查其税收遵从行为与应纳税额的匹配性。

（3）注意事项

在横向比较时，应注意纳税人是否享受了非行业性的税收优惠政策，或者有尚在亏损弥补期内的以前年度亏损。此类特殊原因均可能导致其企业所得税税负率显著低于该地区同行业同期所得税平均税负率。

2）营业利润率

（1）含义及公式

营业利润率是衡量纳税人经营活动取得利润多少的财务指标，其定义为营业利润与营业收入的比值，计算公式如下：

营业利润率 = 营业利润 / 营业收入 × 100%

营业利润=营业收入−营业成本−税金及附加−期间费用−资产减值损失+公允价值变动净收益+投资净收益

指标值A=（企业营业利润率−该行业营业利润率）÷该行业营业利润率

指标值B=（企业营业利润率−企业前三年平均营业利润率）÷企业前三年平均营业利润率

（2）意义与应用

营业利润是企业利润总额的主要构成部分，也关系到应纳税所得额的多少。将纳税人该指标值与纳税人所在地同行业同期平均营业利润率和纳税人前三年平均营业利润率相比，明显低于后两者，且指标值A或指标值B≤−20%，则视为异常，可能存在少缴企业所得税的风险。

【案例2】A企业2024年度财务数据见表3-4：

表3-4　　A企业2024年度财务数据

序号	项目	金额（元）
1	营业总收入	562 976 697.44
2	营业总成本	598 911 140.99
3	其中：营业成本	470 864 259.83
4	税金及附加	3 006 436.09
5	期间费用	118 434 040.92
6	资产减值损失	6 606 404.45
7	投资收益	18 245 967.38

其他资料：该企业所处行业平均营业利润率为3.02%

请思考：该纳税人是否存在少缴企业所得税的风险？

【解析】

营业利润=562 976 697.44 − 598 911 140.99+18 245 967.38

=−17 688 467.17（元）

营业利润率=−17 688 467.17 ÷562 976 697.44×100%=−3.14%

指标值A=（−3.14%−3.02%）÷3.02%=−203.97%<−20%

该纳税人营业利润率明显低于行业平均水平3.02%，且指标值远远小于20%，极有可能存在少缴企业所得税的税收风险。

3）期间费用变动率

（1）含义及公式

期间费用变动率是衡量纳税人期间费用在不同期间变动情况的概括性指标，可以分解为管理费用变动率、销售费用变动率和财务费用变动率（见表3-5）。

表3-5　　　　　　　**各指标名称和计算公式**

指标名称	计算公式
期间费用变动率	（当期期间费用-上期期间费用）÷上期期间费用×100%
管理费用变动率	（当期管理费用-上期管理费用）÷上期管理费用×100%
销售费用变动率	（当期销售费用-上期销售费用）÷上期销售费用×100%
财务费用变动率	（当期财务费用-上期财务费用）÷上期财务费用×100%

（2）意义与应用

期间费用是企业所得税税前扣除项目，通过期间费用变动率可以了解纳税人期间费用的变动情况，如果出现大幅增长，可能存在多计费用、多列税前扣除金额，少缴企业所得税的风险。

【案例3】某上市公司2022—2023年度期间费用见表3-6：

表3-6　　　　　　**某上市公司2022—2023年度期间费用**

项目	2022年	2023年	变动率
管理费用	39 960万元	44 640万元	11.71%
销售费用	8 835万元	6 916万元	-21.71%
财务费用	3 867万元	15 730万元	306.78%
合计	52 662万元	67 286万元	27.77%

企业的期间费用与营业收入存在配比关系。期间费用变动率可以结合营业收入变动率进行深入分析。

4）存货周转变动率与营业收入变动率配比分析

（1）含义及公式

存货周转变动率是反映纳税人存货周转速度变动情况的指标，计算公式如下：

存货周转变动率=（当期存货周转率-上期存货周转率）÷上期存货周转率×100%

存货周转率（次数）=营业成本÷平均存货余额

平均存货余额=（期初存货余额+期末存货余额）÷2

营业收入变动率=（本期营业收入-上期营业收入）÷上期营业收入×100%

（2）意义与应用

存货周转率越高，意味着销售速度越快。在存货余额规模不变的前提下，根据营业成本与营业收入的配比关系，企业的营业收入也应该相应增加。因此将存货周转变动率与营业收入变动率进行配比分析。

① 当存货周转变动率与营业收入变动率均是正值，且存货周转变动率显著大于营业收入变动率时，表明库存消化速度与收入增长不匹配，可能存在少计营业收入的问题。

② 当存货周转变动率为正而营业收入变动率为负时，是典型的“库存增加-收入减少”现象，可能存在少计收入的问题。

③ 当二者均为负值时，若存货周转变动率显著大于营业收入变动率，则反映库存积压程度与收入萎缩幅度不成比例，可能存在少计收入的问题。

【案例4】B企业2022—2023年度财务数据如下：

项目	2022年期初	2022年期末	2023年期末
存货	527万元	496万元	318万元
营业成本		2 217万元	1 873万元
营业收入		2 874万元	2 049万元

要求：根据该企业存货、营业成本及营业收入的变动情况，试分析纳税人是否存在少缴企业所得税的风险。

【解析】

2022年存货周转率（次数）=2 217÷［（496+527）÷2］=4.33（次）

2023年存货周转率（次数）=1 873÷［（318+496）÷2］=4.60（次）

2023年存货周转变动率=（4.60−4.33）÷4.33×100%=6.24%

2023年营业收入变动率=（2 049−2 874）÷2 874×100%=−28.71%

2023年度，纳税人存货周转速度提高，但营业收入并未随之增加（变动率为负），存在少计收入的风险。

5）企业所得税收入变动率与应纳税变动率配比指标分析

（1）含义及公式

应税收入变动率应该与应纳税额变动率同向变动，因此该指标能够反映出企业纳税申报是否在正常合理的范围之内。

$$\text{企业所得税应税收入变动率}=\left[\left(\text{本期企业所得税应税收入}-\text{基期企业所得税应税收入}\right)\div\text{基期企业所得税应税收入}\right]\times 100\%$$

应纳税额变动率=（本期应纳税额−基期应纳税额）÷基期应纳税额×100%

指标值=企业所得税应税收入变动率÷应纳税额变动率

（2）意义与应用

正常情况下，指标值应该接近1。

① 如果指标值大于1，且两者均为正，可能存在企业多列成本费用、扩大税前扣除的问题；

② 如果指标值小于1，且两者均为负，可能存在突击计提减值、异常费用列支等行为，放大收入降幅以规避税负，需警惕利润操纵风险。

③如果指标小于0，且前者为正、后者为负，应税收入增长而税负反降，可能潜在税收优惠滥用、转移定价或跨期调节等高风险税务筹划行为。

【案例5】某企业2024年纳税申报数据中，企业所得税申报收入为2 000万元，应纳税额为52万元；2023年度企业所得税申报收入为

2 400万元，应纳税额为76万元。

【解析】

$$\text{企业所得税应税收入变动率} = \left[\left(\text{本期企业所得税应税收入} - \text{基期企业所得税应税收入}\right) \div \text{基期企业所得税应税收入}\right] \times 100\%$$

$$= \left[(2\,000-2\,400) \div 2\,400\right] \times 100\% = -16.67\%$$

$$\text{企业所得税应税收入变动率} = \left[\left(\text{本期企业所得税应税收入} - \text{基期企业所得税应税收入}\right) \div \text{基期企业所得税应税收入}\right] \times 100\%$$

$$= \left[(52-76) \div 76\right] \times 100\% = -31.58\%$$

指标值=−16.67÷（−31.58%）=52.79%

根据案例给出数据可以看出，指标值小于1，且应税收入变动率均为负数，说明企业的收入2024年较2023年有所减少，应纳税额也有所减少，但是应纳税所得额减少的幅度大于应税收入减少的幅度，有理由怀疑企业可能存在多扣成本费用或扩大税前列支的问题。当然，是否存在相关问题还需要做更加深入的取证。

3.6.3 企业所得税的税务风险分析常用指标小结

目前对于企业所得税的税务风险管控已经形成较为系统的分析指标体系，包括单一指标以及配比指标。甚至有跨税种的税种联评机制，能够建立包括基本指标、分析指标、辅助指标在内的涉税分析指标体系。现将目前常用的企业所得税税务风险分析指标列示（见表3-7），供参考。

表3-7 **常用的企业所得税税务风险分析指标**

序号	指标名称	指标含义
1	企业所得税税负率	存货周转变动率是衡量纳税人企业所得税税收负担高低的一个指标 企业所得税贡献率=实际缴纳税额÷同期利润总额×100%

续表

序号	指标名称	指标含义
2	营业利润率	营业利润率是衡量纳税人经营活动取得利润多少的指标，其通过营业利润与营业收入的相对比值来量化经营活动的获利能力 营业利润率=营业利润÷营业收入×100%
3	期间费用变动率	期间费用变动率是评估企业成本管理水平的重要分析指标，用于综合反映纳税人期间费用（包括管理费用、销售费用及财务费用）在不同会计期间的动态变化趋势
4	存货周转变动率	存货周转变动率是反映纳税人存货周转速度变动情况的指标，计算公式如下：存货周转变动率=（当期存货周转率－上期存货周转率）÷上期存货周转率×100%
5	企业所得税收入变动率与应纳税额变动率配比	企业所得税应税收入变动率÷应纳税额变动率 正常指标值接近1 异常情况：比值>1，差异大且两者均为正；比值<1，差异大且两者均为负；比值<0，且前者为正、后者为负。均可能存在企业多列成本费用、扩大税前扣除的问题
6	主营业务收入变动率与主营业务成本变动率配比	主营业务收入变动率÷主营业务成本变动率 正常指标值接近1 异常情况：比值>1，差异大且两者均为负；比值<1，差异大且两者均为正；比值<0，且前者为负、后者为正。均可能存在企业多列成本费用、扩大税前扣除的问题
7	主营业务收入变动率与期间费用变动率配比	主营业务收入变动率÷期间费用变动率 正常指标值接近1 异常情况：比值>1，差异大且两者均为负；比值<1，差异大且两者均为正；比值<0，且前者为负、后者为正。均可能存在企业少计收入、多列成本费用、扩大税前扣除的问题

续表

序号	指标名称	指标含义
8	主营业务收入变动率与主营业务利润变动率配比	主营业务收入变动率÷主营业务利润变动率 正常指标值接近1 异常情况：比值＞1，差异大且两者均为正；比值＜1，差异大且两者均为负；比值＜0，且前者为正、后者为负。均可能存在企业多列成本费用、扩大税前扣除的问题
9	存货周转变动率与销售收入变动率配比	存货周转变动率÷销售收入变动率 正常指标值接近1 异常情况：比值＞1，差异大且两者均为正；比值＜1，差异大且两者均为负；比值＜0，且前者为正、后者为负。均可能存在企业少计收入问题
10	应收账款变动率与销售收入变动率配比	应收账款变动率÷销售收入变动率 正常指标值接近1 异常情况：比值＞1，差异大且两者均为正；比值＜1，差异大且两者均为负；比值＜0，且前者为正、后者为负。均可能存在企业少计收入问题

4

数字经济下个人所得税税收征管问题研究

在我们的日常生活中，所得是指经济活动主体通过参与土地、资本、劳动、经营以及其他经济形式所获得的各类收入。在税收领域，所得是所得税的计税基础。它不仅包括当期实现的收入，而且包括当期没有实现的收入，如资产的增值；不仅包括由市场活动产生的收入，而且包括由非市场活动产生的收入，如自用品的价值；不仅包括提供最终产品与服务的收入，而且包括一些中间产品与服务的价值，如所谓的附加福利等。因此，个人所得税就是对个人通过各种渠道以各种形式取得的收入所征的税。

在法律主体范畴内，“自然人”是与法人组织相对应的基本民事主体类型。这一概念体系不仅涵盖生产要素的持有主体——包括但不限于物权所有者、资本投入者以及劳动提供者，同时涵盖从事商事活动的独立经营主体，具体表现为个体工商户、合伙企业无限责任合伙人及个人独资企业投资者等法定形态。基于此法律界定，个人所得税作为直接税体系的重要组成部分，其纳税义务人应是具有独立法律地位的各类自然人主体，具体包括资产持有者、投资行为者、劳动提供者，以及从事工商经营活动的个体工商户、合伙企业普通合伙人和独资企业投资者等应税主体。

我国个人所得税征管从早年空白走到如今渐趋成熟，经过了长时间的打磨和修正。中华人民共和国成立后，于1950年颁布的《全国税政实施要则》中明确列示薪给报酬所得税（未开征）和存款利息所得税。1980年，全国人大通过了《中华人民共和国个人所得税法》，正式确立了个人所得税征收的合法性，主要适用于中国公民和在中国境内的符合规定的外籍人员。1986年，国务院发布了《中华人民共和国城乡个体工商业户所得税暂行条例》和《中华人民共和国个人收入调节税暂行条例》，对个体工商户和国内公民征收所得税。1993年10月，第八届全国人大常务委员会第四次会议通过了对个人所得税法的第一次修正，将个人所得税与个体工商户所得税、个人收入调节税合并，规定了统一的个人所得税。在新个人所得税法实施的过程中，根据社会经济发展状况，全国人大常务委员会又分别于1999年8月、2005年10月、2007年6月、2007年12月、2011年6月、2018年8月，对个人所得税法进行了修正。

到了今天，我国个人所得税的法律依据是2018年8月31日第十三届全国人大常务委员会第五次会议修改通过的《中华人民共和国个人所得税法》和同年12月13日国务院颁布的《个人所得税专项附加扣除暂行办法》、12月18日修订的《中华人民共和国个人所得税法实施条例》（简称《个人所得税法实施条例》）。也就是说，2019年以后，我国实行综合与分类相结合的个人所得税税制，对居民个人取得的工资、薪金所得，劳务报酬所得，稿酬所得，特许权使用费所得实行综合征收所得税，对其他各项所得仍采用分类征税方式。

在第七次个人所得税改革之后，由于新税法对整体税制规划思路的变更，普遍出现了因筹划手段不当、税收政策误读而形成的新税收征管风险。因此，本章节通过对个人所得税在数字经济背景下的征管难点相关内容和案例进行解读，来帮助大家提高对新经济环境下的新个税政策的相关认知，以达到全面控制税收风险的目的。

4.1　数字经济与个人所得税税收征管研究的背景与意义

4.1.1　研究背景

2023年2月，中共中央、国务院印发的《数字中国建设整体布局规划》指出，建设数字中国是数字化时代推进中国式现代化的重要力量，是构筑国家竞争新机遇的有力支撑。在党的二十届三中全会通过的《中共中央关于进一步全面深化改革、推进中国式现代化的决定》中也明确提出，“健全促进实体经济和数字经济深度融合制度”“加快构建促进数字经济发展体制机制，完善促进数字产业化和产业数字化政策体系”。可见，数字作为一种新生产要素已经并将继续在推进我国产业变革、政府改革以及社会治理等方面发挥重要作用。自2017年至2022年，我国数字经济规模持续增长态势明显，分别攀升至27.2万亿元、31.3万亿元、35.8万亿元、39.2万亿元、45.5万亿元、50.2万亿元。与此同时，数字经济在国内生产总值的占比也从32.7%稳步上升至41.48%。

作为新型基础性生产要素，数字经济正在并将持续驱动我国产业转型升级、行政体制改革以及社会治理创新。数字经济迅猛崛起与数字中国战略的深入推进，不仅加速了国家治理能力现代化进程，更为现代经济体系建构提供了关键支撑，这种变革效应通过政府部门、市场组织及公民社会间的协同作用得以充分显现。其中，税收制度作为贯通财政体系与经济运行、协调政府职能与市场机制的核心枢纽，其创新实践不仅是财税体制改革的关键环节，更是整体经济体制转型过程中不可或缺的支撑要素。个人所得税在我国现行税种中有着举足轻重的地位，它是与每个人生活、工作息息相关的一大税种。相对应地，研究数字经济发展背景下个人所得税征管这一问题，自然而然具有现实意义。仅从近些年数字经济发展与个人所得税的相关案例来看，两者的关系较为复杂。一方面，数字经济的高速发展为实体经济的发展壮大注入了新的活力和空间，催生出许多新兴经济，它们以各种形式存在，具有灵活性、复杂性、隐蔽性的特点。然而个人倘若在时代的浪潮中抓住这些经济新业态带来的新就业机会，就能够赚取到更多的个人所得，除了能够改善个人生活质量，拉动我国经济发展，同时还为税收收入增加提供极大的发展空间。另一方面，数字经济的发展使传统的税收制度不能得到完全的适用，再加上数字经济具有无限、无疆、无形的特点，以及其行业的创新性、税源的分散性、收入的隐匿性等特征给税收治理带来了挑战，这就加大了数字经济背景下个人所得税征收的难度，为纳税人避税漏税行为的滋生提供了隐形空间并且不易被征税机关所察觉，进而导致税收收入流失，极大程度上削弱了数字经济发展对税收收入的正向促进作用。加之纳税人个税遵从意识薄弱，缴纳税款的主动性低，就导致了在数字经济背景下个人所得税征管效率的缓慢提升。

4.1.2 研究意义

1）理论意义

首先，本章基于数字经济发展的现实情况，能够对数字经济环境下个人所得税征管的问题进行简要分析。同时，对于完善和拓展个人所得税征管办法，优化纳税服务，改进税务机关征管办法等都有参考价值。

其次，数字经济的发展与个人所得税征管，两者关系相互渗透又相互制约，本章有利于完善和深化数字经济与个人所得税征管的相关理论，助推数字经济在个人所得税征管实践中的融合作用，为我国个人所得税在数字经济背景下进行征管提供新的角度和思路。同时对新型的个人所得税征管方式进行分析，也为其他税种的征收管理提供参考。

2）实践意义

首先，有利于提高个人所得税征管效率，保证国家财政收入。同时，为我国当前个人所得税征收方式提供新的视角，有助于推动我国征税机关从传统的征税方式逐步向“以数治税”转变，促进税收数据质量的提升，进而达到提升我国个人所得税征收管理能力的目的。

其次，有利于实现个人所得税征收公平。在数字经济催生出更多新兴职业和就业机会的情况下，有一些个人由于避税心理其所得并没有按照传统的缴税方式纳税，就会形成征税不公，或由于各地征收强度的不同致使各地的税收收入不准确，从而造成区域经济发展不协调。因此，通过分析我国现行的个人所得税征管的现状和存在的问题，分别提出对应的政策建议，完善数字经济下个人所得税的税收征管体系，对于区域间税收的协调分配、实现区域协调发展、促进税收收入公平的目标具有重要意义。

4.2 数字经济背景下个人所得税现状分析

4.2.1 个人所得税收入现状

1）个人所得税收入情况

随着数字经济的快速发展，生产组织形态在逐渐发生变化，个人所得税地位明显上升。个人所得税收入作为我国财政收入的主要来源之一，其重要性不言而喻，其征收现状可以反映征管效率水平的高低。所以本小节主要对个人所得税收入现状做简要的阐述。本节中，整理分析了2015—2022年我国个人所得税收入额及其在税收总收入上的占比情况，并总结其结构特点。

如图4-1所示，从2015—2022年《国家统计年鉴》与《中国税务年鉴》数据统计获知：我国的个人所得税收入总体呈现增长趋势，略有小幅度波动，从2015年的8 617.27亿元到2022年的14 922.85亿元，我国的个人所得税收入的平均增长率约为8.16%。2019—2022年我国的个人所得税收入不同于2018—2019年的减少，总体保持增长趋势。此外，从整体来看，2015—2022年我国的个人所得税收入占税收总收入的比重在保持增长态势基础上伴有小幅度波动。其中，2015—2018年个人所得税占税收总收入的比重呈现明显的上升趋势，2018年个人所得税占税收总收入的比重达到8.16%。2018年对个人所得税进行了改革，这个比重在2019年出现了短暂下降，下降至6.04%，之后2020—2022年出现了明显的上升趋势达到8.25%，是近年的峰值。由以上数据，我们不难得出结论，个人所得税收入占税收总收入的比重较低，但不容小觑的是，个人所得税的征收背后蕴含了丰富且多样的税源，所以在数字经济背景下就更加需要对个人所得税的征管严加管理和要求。

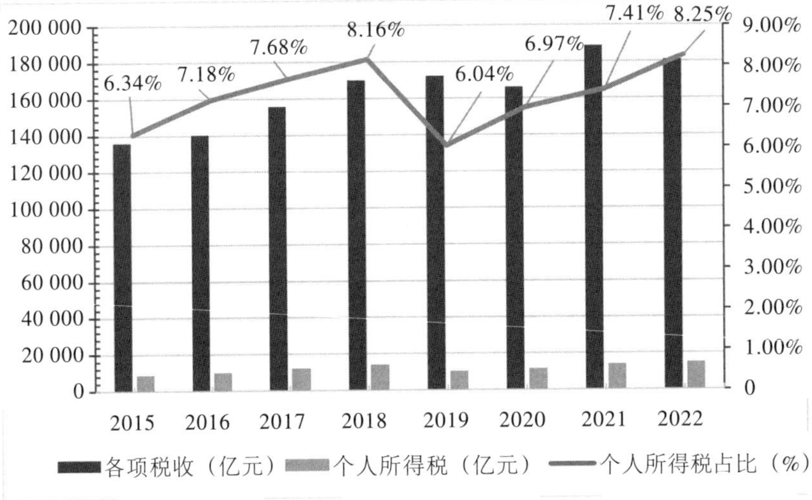

图4-1　我国个人所得税收入及其占比

2）个人所得税收入规模的特点

（1）总体规模增长但增速波动

数字经济凭借创新驱动，催生出丰富多样的商业模式、灵活多元的就业形态以及广泛拓展的收入来源，从整体上推动个人所得税收入规模呈增长态势。众多个体投身于数字经济相关活动，电商从业者、网络主播、平台配送人员等群体不断壮大，其收入构成了个人所得税重要且多样化的新税源。但随着数字技术的发展，会使某一相关行业市场趋于饱和或由于更新速度慢而逐渐落后，进而与其相对应的个人所得税收入增速随之改变，最终致使个人所得税收入规模呈现波动式增长。

（2）不同行业规模差异明显

数字经济的核心行业，如互联网科技、人工智能、大数据等领域，都展现出强劲的增长动力，带动个人所得税收入规模增长迅速，其在个人所得税总收入中的占比也逐渐提高。这些行业的企业通常具备较强的盈利能力，能够为员工提供较高的薪资待遇，并且常常采用股票期权等激励措施，进一步增加了从业者的应税收入。相应地，数字经济的蓬勃发展提升地区间经济实力，同时互联网使用人数上升，求职者有全新的职业发展机遇，使得经济结构服务化的趋势促进产业结构高级化，提高了个人所得税收入。对于转型较为顺利的行业，生产效率提升和业务拓展使得员工收入增加，能够带动个人所得税收入增长。然而，部分转型面临困境的传统行业在数字经济的冲击下，市场份额被电商等新兴业态挤压，从业者收入减少，进而导致该领域个人所得税收入规模可能出现下降。

3）个人所得税内部结构呈现的变化趋势

2015年在“十三五”规划中首次提出实施国家大数据战略，推进数据资源开放共享，壮大数字经济。在此基础之上，数字经济得到了空前的进步和发展，同样对个人所得税各类所得产生了影响。自从2019年新个人所得税法实施以后，个税的起征点提高至5 000元，实行分类和综合相结合的个人所得税税制，增加了各项扣除项目，相比以往使得个人所得税收入降低。个人所得税征收共有九类所得，分别为：工资、薪金所得，劳务报酬所得，稿酬所得，特许权使用费所得，经营所得，利息、股息、红利所得，财产租赁所得，财产转让所得，偶然所得。在数字经济的发展下，个人所赚取的收入呈现出来源、性质多样化的特点。

接下来将对个人所得税各类分项所得占比的变化趋势进行简要的分析。从2013—2022年《国家统计年鉴》数据统计获知这十年个人所得税总收入以及九项所得的缴纳情况，以此来分析在数字经济下各类所得的变化趋势。

（1）工资、薪金所得

工资、薪金所得主要是受个人所得税制度中基本成本费用扣除标准不断提高的影响，在2015年国家首次提出实施国家大数据发展战略，大力促进数字经济的发展。数字经济的发展带动了企业的创新创造以及盈利能力，催生出很多新的就业岗位，有更多的就业者得到工作机会，所以2015—2018年工资、薪金所得占个人所得税收入的比重总体上保持上升。而在2019年实施个人所得税改革基本费用扣除标准调整的当年，工资、薪金所得税收入有下降的趋势。2020年我国经济受到疫情的冲击，导致经济下行，本年度个人所得税收入和工资、薪金所得均有下降。随后的两年时间，经济得以复苏回暖，工资、薪金所得又逐年攀升。具体如图4-2所示。

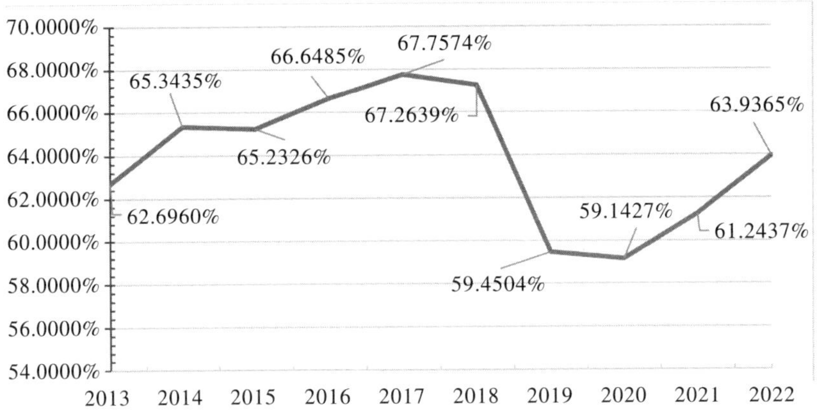

图4-2　工资、薪金所得在个人所得税收入的占比

（2）劳务报酬所得

2013—2018年数字经济快速兴起，互联网平台不断涌现，如外卖、网约车、直播等平台创造出大量灵活的就业机会。众多劳动者参与其中，以提供劳务形式获取报酬，使得劳务报酬所得规模扩大，占比上升。与此同时数字经济催生新业务模式，企业为获取专业技术和服务，常与外部个人签订劳务合同，如科技企业与软件开发自由职业者合作，支付劳务报酬，推动劳务报酬所得占比增加。2019年个人所得税改革，劳务报酬所得纳入综合所得计税，可能使得部分纳税人纳税方式和税负发生变化，一些企业和个人调整业务模式和收入形式，减少劳务报酬所得规模。同时随着数字经济的发展，部分获得劳动报酬的员工成为正式员工，转而变为工资、薪金所得，使得劳务报酬占比减少。具体如图4-3所示。

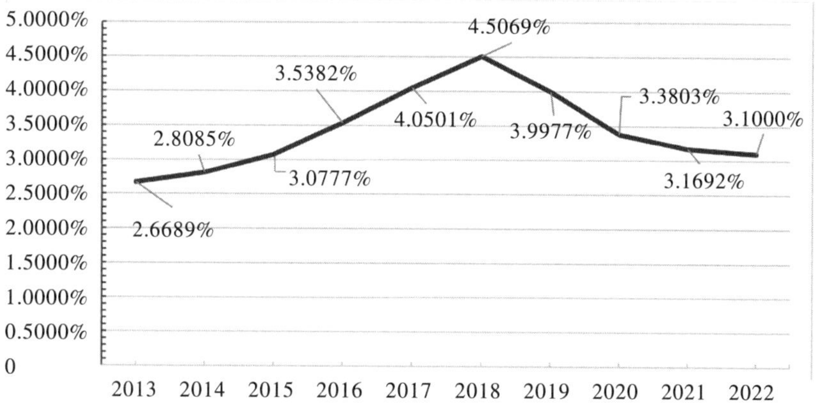

图4-3　劳务报酬所得在个人所得税收入的占比

（3）稿酬所得

2013—2022年，稿酬所得占比呈现整体波动变化。2013—2015年稿酬所得占比呈现下降趋势。数字经济发展初期，互联网新媒体刚刚兴起，传统出版行业受到冲击，纸质书籍、报刊等的发行量和广告收入减少，作者稿酬相应降低，导致稿酬所得占比下降。由于数字内容创作刚刚兴起，此类创作模式还不够成熟，个人通过数字经济进行创作获得的稿酬还较少，所以税收收入呈现下降趋势。2015—2019年稿酬所得占比呈现上升趋势。随着数字阅读、在线文学平台等的发展，数字内容市场规模扩大，对优质内容需求增加，网络小说、电子出版物等发展迅速，创作者的稿酬收入提高，推动稿酬所得占比上升。数字经济发展过程中，版权保护意识和措施不断加强，创作者的权益得到更好保障，稿酬收入更有保障，促进了稿酬所得占比上升。2019—2022年稿酬所得占比又呈现下降的趋势。数字内容创作领域竞争加剧，大量创作者涌入，内容质量参差不齐。优质内容的稿酬依然较高，但大量普通内容创作者的稿酬可能被压缩，导致整体稿酬所得占比下降。短视频、短剧、直播等新兴数字内容形式兴起，吸引大量用户和资本，对传统文字类稿酬内容产生冲击，创作者和受众的注意力分散，导致稿酬所得占比下降。具体如图4-4所示。

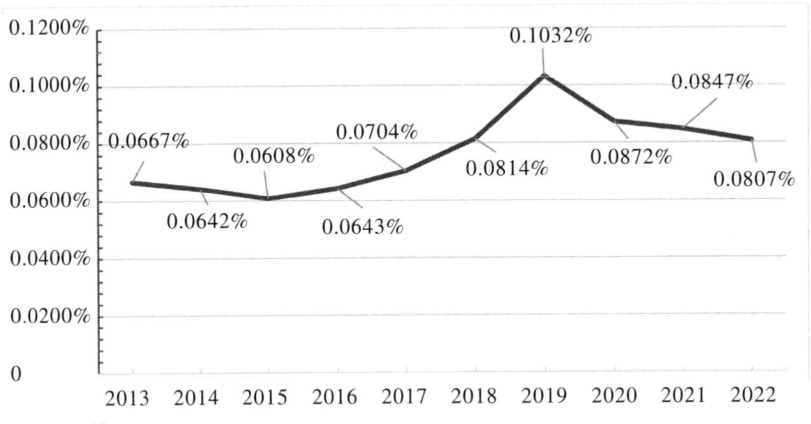

图4-4　稿酬所得在个人所得税收入的占比

（4）特许权使用费所得

2013—2022年，特许权使用费所得占比整体波动较大。2013—

2014年特许权使用费所得占比呈现上升趋势。数字经济发展初期，新技术不断涌现，企业和个人对数字技术相关的特许权需求增加，如软件著作权、数字专利等授权使用增多，推动特许权使用费所得占比上升。部分企业开始探索通过授权数字技术、知识产权等获取收益，新的商业模式逐渐兴起，使得特许权使用费收入有所增长。2014—2015年特许权使用费所得占比呈现下降趋势。在此期间数字技术的发展迅猛、竞争激烈，就会导致一些特许权的市场价值可能因新技术出现而降低，导致特许权使用费收入减少。同样在这个阶段，法律法规相对成熟，对一些特许权交易有一定的规范和限制，就会导致特许权使用费收入减少。2015—2019年特许权使用费所得占比呈现上升趋势。随着数字经济发展，知识产权保护力度加大，权利人更愿意授权使用其知识产权，特许权交易活跃度提高，特许权使用费所得相应增加。数字音乐、影视、游戏等产业繁荣，版权授权等特许权交易频繁，带动特许权使用费收入上升。2019—2021年特许权使用费所得占比呈现下降趋势。新的数字商业模式和技术合作方式出现，如开源技术、共享经济模式等，对传统特许权交易模式产生冲击，特许权使用费收入减少，同样受到宏观经济的影响，造成数字经济发展的低迷期。2021—2022年特许权使用费收入回升，数字经济逐渐复苏，企业创新活动增加，对特许权的需求有所回升，特许权交易活动增多，推动特许权使用费所得占比上升。具体如图4-5所示。

（5）经营所得

在数字经济背景下，主要是由于近年来经济形式的变化以及税收政策的变动，2013—2022年经营所得占比呈现先下降后上升再趋于平稳的趋势。2013—2016年经营所得占比从8.8357%降至4.6994%。数字经济发展初期，传统经营模式受到冲击，新兴数字经济模式下个体和企业经营活动调整，尚未形成稳定的经营所得增长模式，导致经营所得占比下降。2016—2020年经营所得占比从4.6994%升至7.2714%。随着数字经济的发展，平台经济、共享经济等模式不断成熟，个体经营者和小微企业在数字领域的经营活动增多，盈利增加，推动经营所得占比上升。2021—2022年，经营所得占比基本维持在7%左右，2022年为6.9439%。此阶段数字经济发展进入相对稳定阶段，经营所得占比也趋于平稳，虽有小幅波动，但整体在一定区间内变化。具体如图4-6所示。

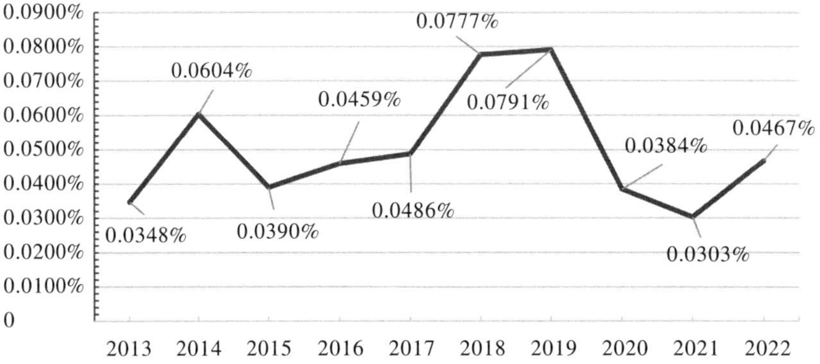

图4-5　特许权使用费所得在个人所得税收入的占比

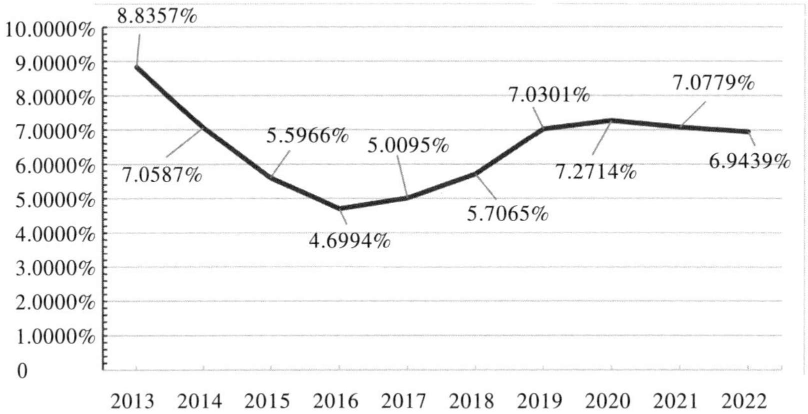

图4-6　经营所得在个人所得税收入的占比

（6）利息、股息、红利所得

在数字经济背景下，2013—2022年利息、股息、红利所得占比呈现出先下降后上升的变化趋势。2013—2018年利息、股息、红利所得占比从11.1099%逐步降至8.3064%。这一时期，数字经济兴起促使大量资金流向新兴数字产业创业投资等领域，传统投资收益模式受影响，使得利息、股息、红利所得占比下滑；同时，数字经济发展带来金融创新，更多的新型的金融产品和投资方式出现，分散了资金，也对传统利息、股息、红利所得占比造成一定的抑制作用。2018—2022年利息、股息、红利所得占比从8.3064%升至13.2723%。随着数字经济发展成熟，数字企业盈利能力增强，投资者获得的利息、股息、红利所得增加；并且数字经济推动金融市场完善，投资环境优化，吸引更多资金回流传统投资领域，使得利息、股息、红利所得占比回升并持续增长。具体如图4-7所示。

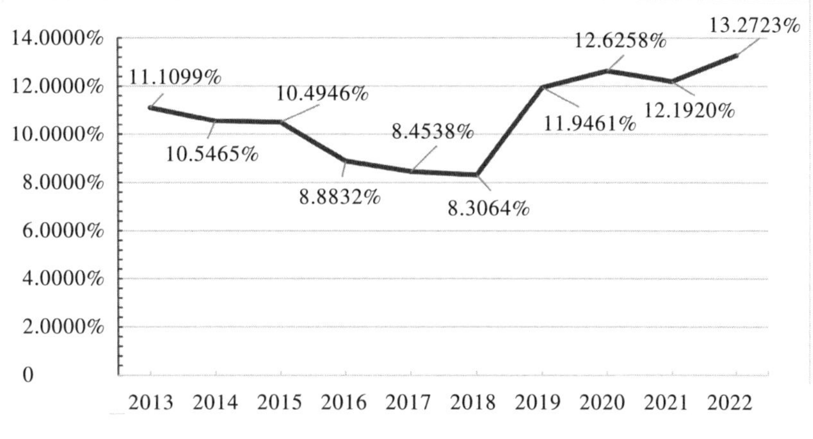

图4-7 利息、股息、红利所得在个人所得税收入的占比

（7）财产租赁所得

在数字经济背景下，2013—2022年财产租赁所得占比呈现先上升后下降的趋势。2013—2019年财产租赁所得占比从0.4334%逐步上升至0.9143%。数字经济发展带来共享经济模式的兴起，如房屋短租平台、汽车租赁平台（神州租车等）等发展迅速，促进了财产租赁市场的繁荣，推动财产租赁所得占比上升。2019—2022年财产租赁所得占比从0.9143%下降至0.63%。可能是由于数字经济领域竞争加剧，部分共享经济企业经营困难，市场规模有所收缩。同时，相关政策调整以及市场监管加强等因素，也对财产租赁市场产生影响，使得财产租赁所得占比下降。具体如图4-8所示。

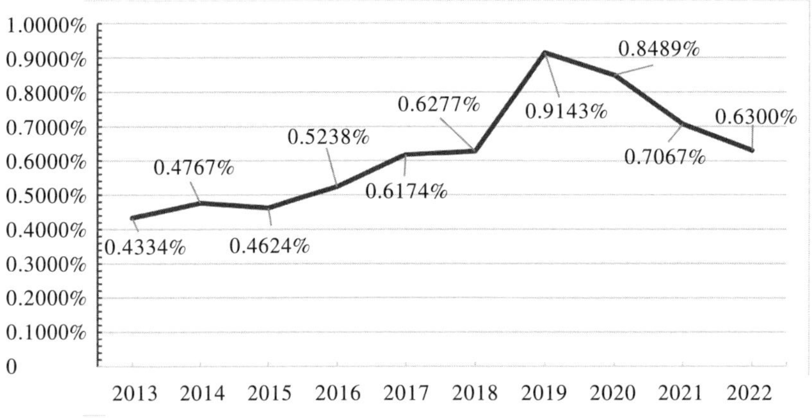

图4-8　财产租赁所得在个人所得税收入的占比

（8）财产转让所得

在数字经济背景下，2013—2022年财产转让所得占比呈现波动变化趋势。2013—2014年财产转让所得占比从10.3549%降至9.5727%。究其原因可能是数字经济处于起步阶段，传统财产转让活动受到新经济模式的冲击，相关交易活跃度有所降低。2014—2016年财产转让所得占比从9.5727%升至12.6585%。随着数字经济发展，数字资产交易等新兴财产转让形式出现，带动整体财产转让所得占比上升。2016—2018年财产转让所得占比从12.6585%降至11.0314%。可能因数字资产市场的规范调整以及市场竞争等因素，使得财产转让所得占比有所下降。2018—2020年财产转让所得占比从11.0314%升至15.3215%。数字经济进一步成熟，数字资产价值提升，相关转让交易增多，推动财产转让所得占比大幅上升。2020—2022年财产转让所得占比从15.3215%降至11.6429%。或许是由于市场环境变化、监管政策收紧等，使得财产转让所得占比再次下降。具体如图4-9所示。

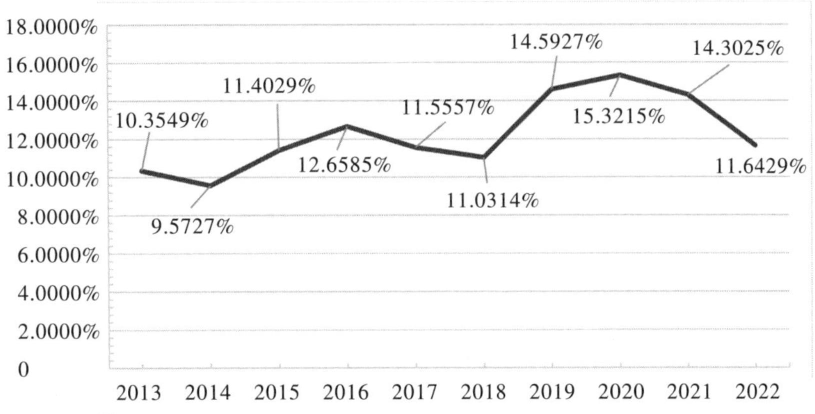

图4-9　财产转让所得在个人所得税收入的占比

（9）偶然所得

2013—2022年偶然所得占比呈现出波动变化趋势。2013—2018年偶然所得占比从2013年的1.186%降至2018年的0.9034%。数字经济快速发展，催生了新的经济模式和收入形式，个人收入结构多元化，偶然所得占比相对受到挤压。同时，经济活动的重心向数字经济领域的其他所得类型转移，如劳务报酬所得、经营所得等在数字经济推动下有所增长，使得偶然所得占比下降。2018—2019年偶然所得占比从2018年的0.9034%升至2019年的1.5484%。2018年个人所得税法改革，将劳务报酬所得、稿酬所得、特许权使用费所得与工资、薪金所得合并为综合所得计税，这一调整可能使部分纳税人的收入结构和计税方式发生变化，部分原本可能计入其他所得类型的收入在改革后被归类为偶然所得，或者是改革后一些与数字经济相关的偶然性质的活动增多，如数字抽奖、网络活动奖励等，推动偶然所得占比上升。2019—2020年偶然所得占比从1.5484%降至1.4165%，2020—2021年偶然所得占比从1.4165%升至1.6932%，2021—2022年偶然所得占比从1.6932%降至1.6427%。数字经济发展进入相对稳定阶段，相关偶然所得的活动也逐渐稳定。但由于数字经济的创新性和不确定性，偶然所得仍会受到市场环境、政策监管以及数字平台活动等因素影响，所以占比出现波动，比如数字平台举办的促销活动、抽奖活动的频率和规模变化，都会对偶然所得占比造成影响。具体如图4-10所示。

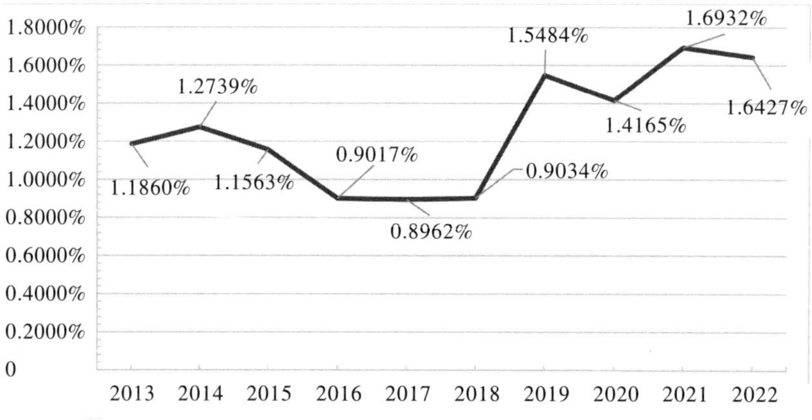

图4-10　偶然所得在个人所得税收入的占比

综上所述，已经对个人所得税九类所得在数字经济背景下的变化趋势进行了逐一的阐述。在经济环境的变化、税收制度的改革等因素的影响下，个人所得税分项收入的占比结构也随之发生了变化。通过以上的分析，我们可以知道：在个人所得税的九类所得中，占比最大的是工资、薪金所得，同利息、股息、红利所得，特许权使用费所得，偶然所得一样，变化趋势总体上呈现出上升趋势；劳务报酬所得、稿酬所得、财产租赁所得、财产转让所得在数字经济背景下的变动趋势是波动的，近些年出现下降的趋势；经营所得总体上变化幅度不大，但同样在近些年出现了下降的趋势。

4）个人所得税收入结构的特点

我国现行的个人所得税收入结构特点主要体现在以下三个方面：

（1）收入项目多元化

数字经济带来新的个人收入项目，除传统的工资、薪金所得外，劳务报酬所得因数字劳动形式（如网络主播、在线设计师等提供的劳务）大幅增加；经营所得方面，众多个体通过电商平台等开展经营活动获取收入；还有数字资产交易所得，如虚拟货币交易、数字版权转让等带来的收入，丰富了个人所得税应税项目结构。

（2）高收入群体贡献突出

在数字经济领域，部分高收入群体，如头部网络主播、成功的数字创业者等，其收入水平较高，缴纳的个人所得税数额相对较大，对个人所得税收入结构有显著影响。

（3）地区间差异加大

数字经济的发展很大程度上依托于地区经济发展水平，在我国东部沿海地区，数字经济发达，平台经济、数字金融蓬勃发展，个人通过数字平台获得的劳务报酬所得、经营所得占比较大。然而在数字经济发展相对落后的中西部地区，个人所得仍以传统的工资、薪金所得和个体经营所得为主，数字经济相关的劳务报酬所得、经营所得占比较小，数字资产等新兴财产所得的交易活跃度低，所得来源结构较为单一。

（4）占税收收入比重增加

在个人所得税收入占税收总收入的比重方面，也不同于以往。数字经济的发展会促使税收结构发生变化，个人所得税在财政收入中的地位将逐渐凸显。在传统经济模式下，流转税在财政收入中占据主导地位，但随着数字经济时代的到来，收入形态变得更加分散，以个人为主体的收入来源不断增加，如直播、自媒体创作等个人收入，使得个人所得税的征收范围和规模不断扩大，其在财政收入中的占比有望逐步提高。

（5）与企业所得税的比较

与企业所得税相比，个人所得税直接与个人收入挂钩，数字经济下个人创新和创业活动频繁，个人通过数字平台获得的收入增长迅速，个人所得税的增长速度可能会超过企业所得税。与增值税等流转税相比，个人所得税在调节收入分配方面具有更直接的作用，政府为了实现社会公平和经济的可持续发展，会更加重视个人所得税的调节功能，在税收政策制定和征管方面会不断加强，从而推动个人所得税在税收体系中的占比上升。

5）数字经济背景下影响个人所得税收入的因素

（1）宏观视角

经济结构与产业转型：数字经济的兴起使得我国产业结构加速向数字化、智能化方向深度变革。以人工智能、云计算等为代表的新兴数字产业呈现出迅猛的发展态势，这些领域的从业者凭借着创新能力、专业技能等获得高额收入，成为个人所得税重要税源。同时，数字技术带动传统产业进入数字化转型时期，催生出新的就业形态和商业模式。这不仅拓宽了个人收入渠道，还深刻改变了个人收入来源与结构，从而有效地扩大了个人所得税税基。

税收政策与制度：税收政策的调整是个人所得税收入的“晴雨表”。在数字经济背景下，政府或有关部门为了鼓励数字经济的发展，可能会出台相关产业的优惠政策和保障政策，这就能够很好地规避税收风险。同样，税务机关的征管能力和效率同数字经济的发展与时俱进，能够在很大程度上保障纳税安全，避免税收流失。

（2）微观视角

纳税人税收筹划与遵从度：高收入群体有更强动机和资源进行税收筹划，利用税收政策漏洞和优惠进行避税，降低实际税负。纳税人税收遵从度也影响个人所得税收入，部分纳税人可能因纳税意识淡薄或抱有侥幸心理，隐瞒收入或虚假申报。

企业与平台的支付和核算方式：数字经济企业和平台支付方式多样，电子支付、数字货币等支付手段普及，交易记录难以追踪和监管，可能导致税收流失。企业和平台的收入核算方式也影响个人所得税，若核算不规范或不准确，可能导致个人所得税申报和缴纳出现问题。

4.2.2 个人所得税征管方式现状

1）个人所得税征管的国际惯例

国际主流的个人所得税征收体系可分为综合型、分类型及混合型三种基本模式。综合型税制以完整纳税年度为核算周期，要求纳税人汇总全年各类应税所得总额，在依法扣除基本生活费用减免项及其他法定扣除项目后，采用递进式税率结构或统一比例税率实施课征。分类型税制则依据所得来源的多元性和性质差异性，对各类收入进行独立核算，分别适用差异化费用扣除标准和税率层级。混合型税制有机整合前两者的制度优势，形成具有多维调节功能的税收框架。从全球实践来看，混合型税制因兼具横向公平与纵向调节效能，已发展成为现代国家主流的个税制度选择。2019 年我国实行分类综合个人所得税，工资、薪金所得，劳务报酬所得，稿酬所得，特许权使用费所得等合并为综合所得，采用超额累进税率征税。同时，引入专项附加扣除项目。我国个人所得税的征税对象，包括：四项综合所得、一项经营所得、四项分类所得，即个人取得九类所得须缴个税。其中四项综合所得包括工资、薪金所得，劳务报酬所得，稿酬所得，特许权使用费所得四类，其余为分类征收。

2）我国个人所得税的征管方式现状

当前我国的个人所得税征管方式主要有：代扣代缴、自行申报、汇算清缴、核定征收和委托代征五种。

（1）代扣代缴

代扣代缴是指由支付单位或个人在向纳税人支付所得时，依法按规定的税率计算并扣缴税款。这种方式要求支付方在支付应税所得时，先从支付金额中扣除应缴纳的个人所得税，然后再将剩余金额支付给纳税人，并将扣缴的税款缴入国库。它主要适用于工资、薪金所得，劳务报酬所得等较为固定的收入来源，如企业向员工发放工资时，需代扣代缴员工的个人所得税。

代扣代缴具有以下优点：

第一，简化纳税流程。代扣代缴使得纳税人无须自行申报，减少了纳税人的负担，尤其对于那些不了解税法法律法规的纳税人更为友好。

第二，确保税收及时性。代扣代缴同时保证了个人所得税的征管效率，支付方在支付应税所得时就扣缴税款，确保税款及时入库，提高税收准确性。支付方通常有着更加专业的财务人员和更加完善的财务制度，减少了纳税人自行申报纳税时可能产生的误差。

第三，增强税收监管。税务机关能够通过对支付方的监管，更好地掌握纳税人的收入情况以及税款缴纳情况，防止税收流失，增强税收的公平和透明。

（2）自行申报

自行申报是指纳税人根据自身的收入情况，按照规定的时间和程序，自行向税务机关申报纳税。这种方式要求纳税人自行计算应纳税所得额，并在规定的期限内向税务机关申报并缴纳税款。自行申报主要适用于个体工商户、自由职业者、有多种收入来源的个人、非居民个人（中国境内无住所而在中国境内取得所得的个人）等。

自行申报具有以下优点：

第一，灵活性高。纳税人可以根据自身的收入情况和财务状况，灵活选择申报时间和方式，更好地适应个人的经济活动。

第二，适应复杂收入结构。对于有多种收入来源的个人，自行申报可以更好地整合和申报各类收入，确保税款的准确计算和缴纳。

第三，促进税收公平。纳税人自行申报可以更准确地反映其实际收入情况，避免因代扣代缴可能存在的误差，确保税收的公平性。

（3）汇算清缴

汇算清缴是指在纳税年度结束后用四项综合所得（工资、薪金所得，劳务报酬所得，稿酬所得，特许权使用费所得）减除年费用6万元、专项扣除、专项附加扣除、依法确定的其他扣除，以及符合条件的公益慈善事业捐赠后的应纳税所得额；按照综合所得税率减去速算扣除数，计算年度最终应纳税额；再减去年度已预缴税额，对预缴税款进行全年汇算，实行多退少补的过程。汇算清缴可以采取自行申报方式来完成，其主要有三种渠道，分别为网络办理、邮局办理、税务大厅办理。在数字技术的支持下纳税人通常会选择个人所得税APP和自然人电子税务局网站。

汇算清缴中的自行申报具有以下优点：

第一，精准计税。自行申报是基于全年收入和支出进行重新汇总计算，能综合考虑纳税人全年的各种收入与扣除项目，相较于月度预扣预缴，可确保纳税金额更加准确无误，使税负更合理地匹配纳税人的实际收入水平。

第二，增强纳税意识。自行申报需要纳税人主动了解税收政策和申报流程，这有助于增强纳税人的纳税意识和税务知识，使其更加清楚自己的纳税义务和权利，促进税收遵从度的提高。

第三，安全性高。对于收入来源多样的纳税人，如除了工资外，还有兼职收入、稿费、租金、投资收益等，自行申报可以将所有收入统一汇总申报，避免遗漏申报而引发税务风险，使税务申报更加完整和准确。

（4）核定征收

核定征收是指税务机关根据纳税人的生产经营状况、行业特点等因素，按照一定标准确定其应纳税所得额，从而计算出应纳税额。这种方式适用于难以查账征收的小规模纳税人或特定行业的纳税人，如一些小型个体工商户。核定征收简化了征管程序，降低了征纳成本。

（5）委托代征

委托代征与代扣代缴都是个人所得税征管的方式且都有着“代理”征收的概念，二者都需要在规定的时间内，按照规定的方式将征收或扣缴的税款解缴至税务机关指定的国库账户，都承担着确保税款安全、及时入库的责任。然而从定义、主体关系、应税范围、责任义务等几方面来看，二者又有区别：

第一，从定义上来看，委托代征是税务机关委托有关单位或个人代为征收税款；代扣代缴是法定义务主体对纳税主体的一种税款扣缴行为。

第二，从主体关系上来看，委托代征的委托方是税务机关，受托方可以是与纳税人有经济往来或管理关系的单位或个人，受托方与纳税人一般无直接的经济业务关联；代扣代缴的义务人通常是与纳税人有支付关系的单位或个人，双方存在直接的经济业务往来。

第三，从应税范围来看，委托代征一般针对零星、分散和异地缴纳的税收，像集贸市场中众多小商户的税收、难以集中征管的车船税等；代扣代缴多针对特定税种在特定支付环节的税款，如个人所得税中的工资、薪金所得，劳务报酬所得等，以及增值税中境外单位或个人在境内应税的情形。

第四，从责任义务上来看，委托代征的受托方按委托代征协议规定的范围、期限、税率等代征，开具完税凭证并解缴税款，接受税务机关监督检查，若因过错少征税款可能担责；代扣代缴义务人必须依法履行代扣代缴义务，按规定税率和期限代扣并及时解缴，否则承担法律责任，如被罚款等。

从以上四种方式中可以看出，当前我国个人所得税的征收已经尽可能地进行多方位覆盖征收，不论是从个人角度还是企业角度都有相应的征收办法，同时可以根据纳税人的生产经营状况按照一定的标准缴纳税额，税务机关也可以委托有关单位或个人代为征收税款。在数字经济条件下，面对个人的收入来源复杂、纳税人身份界定模糊的难题，无疑是向个人所得税征管发起挑战。这就需要我们针对现有的情况，在数字经济发展的浪潮中分析出个人所得税在征管方面面临的挑战以及需要及时更新的部分，在此基础上提出有价值的政策建议来完善个人所得税的征管。

4.3 数字经济背景下个人所得税制度面临的挑战

4.3.1 纳税人身份难以确定

随着数字经济的蓬勃发展，个人不再受到学历、性别、年龄、地区等的限制，打破时空的局限，通过数字平台融入社会化生产和合作，这样个人不需要加入任何组织就可以参与社会分工。那么随之而来的问题就是，由于个人所得税征管时纳税人身份难以确认会造成个人所得税征管出现偏差。在赚取所得的同时，纳税人并没有承担起应尽的纳税义务，反而利用身份界限模糊大行偷税之风，这都会影响我国的税收收入增长潜力、地区间税收差距及税收制度的公平性。数字经济下的交易行为主要通过虚拟化、网络化的数字平台来实现，愈发凸显了纳税主体的界定问题。

1）纳税主体的争议性

明确纳税主体是个人所得税征收的前提，在以往的个人所得税征收环节中，一般纳税主体主要是个人，例如以签订劳务合同形式获得工资、薪金所得的个人、个体工商户以及劳务报酬获得者等。然而在数字经济迅速发展的今天，个人赚取的收入却体现出雇佣关系与劳务性质交叉的特点，使得纳税主体具有模糊性。数字技术的全面革新促使传统经济体系中生产者主导型交易架构面临结构性挑战。市场参与主体借助智能化工具深度整合产业链环节，逐渐模糊制造环节与流通环节的二元边界。在新型交易范式下，兼具生产与消费双重职能的“产销合一者”群体迅速兴起，由此引发市场供需双方角色定位的辨识度显著弱化，传统经济理论中明确的供需主体身份划分标准面临重构压力，在征税过程中呈现出差异性。同样，数字经济的发展使得用工灵活，就业人员身份难以确定。举例来说，像平台经济中的外卖骑手和网约车司机等零工工作者，他们既不属于传统雇佣关系的工作人员，也难以被界定为个体工商户。工作者与平台可能存在劳动关系、劳务关系或经营合作关系，不同关系下纳税主体的认定和纳税义务不同，这就会导致在征税过程中出现纳税主体界定争议。除此之外，在数字经济催生的跨境数字服务（如在线教育、软件订阅）中，用户数据产生的价值可能分布在多个辖区。例如，某跨国直播平台主播在中国境内吸引用户打赏，但收入通过境外服务器结算至海外账户，传统“物理存在”原则难以认定其在中国产生应税收入，导致居民与非居民身份认定模糊。此外，很多自由职业者和交易平台未办理市场主体登记和税务登记，没有形成唯一的纳税人识别号，导致税务机关无法准确认定其纳税主体，实际税收征收额因此大幅减少。

2）纳税主体的分散性

纳税主体在数字经济背景下呈现出分散化特点。个人通过互联网平台（如电商、直播、网约车等）同时参与多个经济活动，收入来源呈现碎片化、跨平台特征。例如，一个自由职业者可能在淘宝开店、兼职网约车司机，同时在自媒体平台获得广告分成，这是因为就业方式的灵活化也使得纳税主体变得分散化。数字经济推动了灵活就业（如外卖骑手、自由设计师、远程程序员等），这类群体缺乏传统意义上的“雇主”，纳税义务由个人承担，但流动性高、收入不稳定，导致税务登记和征管难度增加。数字经济允许个人在全球范围内自由流动（如数字游民、跨境远程工作者），其居住地与收入来源地分离，可能导致税收居民身份模糊化。例如，某人在A国居住，为B国公司远程工作，收入可能分散在C国银行账户。就国内而言，大部分数字经济交易都是跨省交易。例如，某主播平台要求主播向平台提供个人信息来获取平台直播权，在直播过程中，网友可以对主播进行打赏，这部分收入先被平台获取，随后平台可以按照一定的比例向主播分成或者可以在每月支付一定额度的报酬，在此过程中涉及的主体散布在全国各地。直播平台的固定性，主播、观众地域分布的分散性，使得跨境电商的税收管辖权在直播所在地、平台所在地、主播来源所在地之间不确定，也就导致了纳税主体的分散性。

3）纳税主体的隐匿性

纳税主体在数字经济背景下呈现出隐匿性特点。部分数字经济的参与者通过虚拟身份、虚拟地址等获取个人所得，使得个人所得税难以准确征收，这给税务部门带来了极大的挑战。例如现在游戏玩家可以通过出售游戏虚拟物品（如装备、皮肤等）获得收入，其价值认定和交易路径隐蔽，个人容易逃避纳税义务。平台经济中流行的主播打赏也体现了隐匿性这一点，主播将获得的虚拟礼物（如火箭、跑车等）兑换为现金，其路径难以监控和确定，同时平台与主播之间的分账规则复杂，税务部门更难以确定真实收入。

4.3.2 征税对象划分困难

在确定了纳税主体以后，也要解决对什么进行征税的问题，所以要明确应税收入的性质，并根据不同的收入来源对其进行分类征税。在传统经济形态下，征税对象较为明确，以个人所得税的九类分项分别征收。但随着数字经济的发展，作为征税对象的个人收入来源变得更加广泛也更加具有隐蔽性。

1）征税对象来源多样化且具有隐蔽性

在数字经济的快速发展下，原本的就业方式受到冲击和改变，个人能够赚取到的所得增加并且收入来源变得更加多样化。以从事网络直播行业为例，个人获得收入来源的形式多样化。传统个税体系将收入划分为工资、薪金所得，劳务报酬所得，稿酬所得，经营所得，财产所得等类型，但数字经济中收入往往混合多类属性。互联网平台的发展使信息技术同各种行业相融合，连接了各个细分行业的属性，通过互联一切闲置的供应产品和服务进入市场，导致销售和服务、产品和技术、行业之间的界限越来越模糊，对所得的定性和分类变得困难。例如，自媒体博主的收入可能同时包含广告分成（经营所得）、直播打赏（劳务报酬）、版权收益（特许权使用费）等，导致分类模糊，使个人收入性质难以界定。与此同时，数字经济催生出的平台经济又有许多“隐性就业”，例如网约车司机、外卖骑手等群体可能被平台定义为“独立承包商”而非雇员，其收入是否属于“经营所得”或“劳务报酬”存在争议，影响税率适用。在数字经济背景下，同样导致了个人收入来源的隐蔽性。在上文已经提到，数字技术的发展使得有些纳税意识不健全的个人为了获取更多的个人所得，使用数字技术隐匿获取所得的IP地址等行为来逃避纳税，这给税务机关征税带来了严峻挑战。

2）征税对象获取渠道多样化

数字经济的快速发展催生了个人收入渠道的多样化，传统工资、薪金所得之外，零工经济、虚拟资产交易、跨境服务等新型收入形式不断涌现。个人除了传统的工资、薪金所得，还可以通过众多平台寻找兼职工作来赚取收入，多渠道的工作机会也增加了多渠道的个人收入。同样，个人凭借自身专业技能，承接平台上的项目来获取报酬。比如一名平面设计师，可在平台上承接来自不同客户的logo设计、海报制作等任务，打破了传统线下接单的地域和客户资源限制。但在个人收入多样化的同时，如何对相应收入进行征税，也成为一大挑战。

3）征税对象支付方式隐蔽性

数字技术的发展同时便利了个人支付，个人通过多个支付工具（支付宝、PayPal、虚拟钱包）或加密货币收款，税务机关难以全面掌握收入信息，导致部分收入游离于申报范围外。在数字经济发展的契机下，部分纳税意识不健全的纳税人利用收入、支付方式的隐蔽性逃避纳税，部分高净值人群通过分散收入至海外账户、虚拟资产或亲属名义账户，规避累进税率，导致实际税负低于中低收入群体。微商、代购等私域流量交易缺乏或隐匿发票和记录，易造成税收流失。

4.3.3 纳税义务难以明确

与数字经济下的纳税义务相比，传统经济下的纳税义务确定并不复杂。传统经济下纳税人进行生产经营和务工的环境场所较为固定，开展业务的空间范围相对有限，业务的交易内容、地点、方式、流程也都有迹可循。然而数字经济下催生出多种多样的经济形式，同样使得交易行为复杂多变，这就导致纳税义务难以准确界定。

1）纳税义务难以单一归类

数字经济下许多业务融合了多种传统业务的特点，使交易性质难以单纯归为某一类应税行为。例如，一些数字化产品或服务，既包含软件销售的成分，又有后续技术服务的内容，难以明确是按照销售货物还是提供服务来确定纳税义务。数字经济使得收入性质多样化，增加了认定难度。数字经济下的个人收入形式多样，如游戏主播通过直播获得的粉丝打赏，难以明确界定是属于劳务报酬所得、偶然所得还是其他收入类型。又如知识付费平台上创作者的收入，可能包含版权收入、劳务收入等多种性质，给纳税义务的准确认定带来挑战。

2）纳税义务难以有效监控

数字经济交易流程虚拟化致使征管困难。在传统交易中，货物从生产地运输到销售地，有着清晰的物流轨迹和交易凭证，此交易过程中的纸质合同、交易凭证和发票成为记录信息的关键。税务机关通过这些资料核实交易的真实性、准确性，从而能够实现有效征管。然而数字产品和服务的交易往往通过网络完成，如在线软件购买、云服务订阅等，消费者只需在网络平台上点击购买按钮，完成线上支付，软件即可通过网络瞬间传输至用户设备，整个过程无须任何实体物流介入。交易过程中没有传统的物流环节和纸质凭证，那么对于税务机关来说，没有纸质凭证就失去了重要的信息载体，交易的真实性、金额等难以核实，税务机关难以对交易流程进行有效监控和征管。

3）纳税义务难以定位环节

数字经济使得业务模式创新，导致纳税环节模糊，数字经济催生出共享经济、零工经济等新业务模式，打破和改变时空的限制与参与人员的准入。以共享住宿为例，涉及房东、共享平台、房客等多方主体，收入在各方之间的分配及对应的纳税环节难以清晰确定。房东通过平台获得收入，平台收取服务费，税务机关就难以判断每个环节的准确纳税义务。数字经济带来的业务模式虽然在运行过程中并不复杂，但在此过程中牵涉众多主体和纳税环节，这就体现出数字经济的发展确实使得平台经济获得更多的收入，但随之而来的是收入在三者甚至多者之间流动导致税务机关难以准确地确定纳税义务。

4.3.4 税基确定复杂

税基，又叫计税依据，是指用来计算征税对象应纳税款的直接数量依据，它解决对征税对象课税的计算问题，是对课税对象的量的规定。以往的计税依据按照计量单位的性质划分，有两种基本形态：价值形态和物理形态。价值形态包括应纳税所得额、销售收入、营业收入等，物理形态包括面积、体积、容积、重量等。以价值形态作为税基，又称为从价计征，即按征税对象的货币价值计算。另一种是从量计征，即直接按征税对象的自然单位计算。

而数字经济所能创造的价值在当前传统的核算体系下难以准确计算，其税基难以确定。平台经济中平台内主体通过各种手段规避纳税义务，平台经济衍生的税基侵蚀现象已不再仅仅是税收问题。同时，数字经济催生出的经济新模式、新业态层出不穷，这些新模式、新业态往往与传统业务模式相融合，更加导致现行税制中课税对象的判定标准难以适用于数字经济的新业态。

1）税基规模的不确定性

数字税基评估体系的构建依赖于科学合理的规模计量体系。在数字经济领域，由于价值形成过程存在动态波动性，加之传统计量框架难以实现精准量化，致使应税基数的量化评估面临显著偏差。具体而言，其计量困境主要体现在两个维度：首先，数据要素资产化、数字治理效能等新型经济形态尚未形成成熟的价值评估体系，关键经济活动参数的缺失客观上造成应税基数测算范围受限；其次，数字化转型进程中的产业融合与技术创新要求建立多维数据采集系统与严谨的方法论框架，然而现行统计方式的局限性及计量框架中预设参数偏离实际场景，必然削弱最终核算数据的有效性与决策参考价值。不仅如此，以社交媒体平台为例，平台用户产生的海量数据涉及用户爱好、消费行为习惯等丰富信息，这些信息对于广告策略投放等定向消费有着巨大价值。但是这些数据散布在各个不同的平台和系统，在不同的时间和情境下可能会有较大差异，难以进行全面的收集和整合，缺乏统一的定价标准和评估方法。同时数字经济参与者所赚取的个人所得可能通过复杂的虚拟账户体系流转，部分收入游离于税务监管之外，使得应税收入难以准确统计，税基被缩小，税务机关缺乏有效的数据分析工具和技术，难以准确识别和计算个人所得税税基，最终造成税收流失。

2）税基估值的复杂性

数字技术驱动的新型经济形态给税收征管体系的税源计量带来多重挑战。第一，依托规模经济效应形成的免费增值服务模式导致应税价值难以准确核定。在数字化商业生态中，个体经营者通过边际成本趋零的运营策略获取收益，但零定价或超低价的服务形态使得生产流通环节的价值贡献与终端消费数据无法完整反映在税收核算体系中。以短视频产业为例，运营主体为争夺市场采用现金激励手段吸引用户，现行税制仅能确认平台支出的营销成本，用户获得的流量补贴与创作收益却游离于应税基数之外，直接造成税源流失。

第二，经济主体角色互相渗透加剧了税收客体界定的复杂性。数字技术模糊了传统产销分离的边界，消费者通过参与产品研发迭代转化为“价值共创者”，其数字劳动形成的增值理应纳入应税范畴。然而现行会计制度缺乏对这类非货币化贡献的计量标准，导致税源计量存在系统性偏差。这种模糊性还体现在价值归属的交叉重叠中：一方面，平台经济中的关联交易导致直接收益与衍生收益难以分割；另一方面，数字产品的可复制性可能引发重复计税风险。这种双重困境既存在税基缩减的潜在漏洞，也包含重复课税的制度隐患。

4.4 数字经济背景下个人所得税税制完善建议

数字经济的蓬勃发展对传统的经济模式构成了严峻的考验，我国的税制改革虽然已经取得成效，但是仍然没有与数字经济发展保持一致。因此，需要制定一套符合数字经济发展的税收框架和制度，来保障数字经济发展的税收治理和征管能够与时俱进，促进税收公平，来满足新型经济发展的需求。数字经济横跨实体与虚拟两大领域，它所体现出的价值不仅在促进经济发展，也必将对现行税制产生深远影响。

4.4.1 完善纳税人身份判定规则

1）健全数字经济参与主体的纳税登记

根据《中华人民共和国税收征收管理法》第二章的第十七条规定："从事生产、经营的纳税人应当按照国家有关规定，持税务登记证件，在银行或者其他金融机构开立基本存款账户和其他存款账户，并将其全部账号向税务机关报告。"由此可见在数字经济的浪潮中，确保纳税人税务登记制度是进行税收征管的起点。所以为了确认参与市场经济的主体身份、确认销售方的权利与义务，强制数字经济参与的经营主体进行税务登记是进行税收管理最有效的手段。通过对数字经济参与者进行纳税登记，就从制度层面将这部分工作者纳入到税收监管的范围内。健全数字经济背景下自然人网络税务登记为后续的变革提供了重中之重的信息基础。

2）建立数字经济纳税人信息平台

数字经济背景下的纳税主体难以确认，其中最主要的一点是对参与者的信息掌握不足。税务机关应建立统一的数字经济纳税人登记平台，要求数字平台的所有参与者，包括跨境电商从业者、自由职业者等，在平台注册时同步进行税务登记，提供真实准确的身份信息、联系方式、银行账户等，平台需协助税务机关进行信息核实与更新。纳税信息平台的建设可以实现纳税人信息的集中管理和自动化处理，减少人工操作和信息传递的中间环节，提高税务机关的工作效率，降低征管成本。同时，建议推动税务机关、商事登记部门以及网络平台之间实现数据库对接。网络平台与商事登记部门在业务开展过程中，均以个人身份信息及相关资料为基础进行实名认证，只有通过认证的个体才具备开展业务的资格。

3）完善数字经济行业准入

《网络交易监督管理办法》所规定的豁免登记事项仅涉及工商登记领域。然而，随着“三证合一”政策的推行，一旦获得工商登记豁免，实际上就等同于免除了这部分实体办理税务登记的法定义务。从积极方面看，这大幅降低了自然人卖家投身数字化业务的门槛，有力地促进了个体参与数字经济活动；但从消极方面看，这给税务机关全面监管从事数字经济的纳税主体带来了极大挑战，不利于税收征管工作的有效开展。

基于以上情况，可以考虑在立法层面承认网络平台登记与工商登记具有同等法律效力。如此一来，一方面能够简化登记流程，避免重复登记带来的资源浪费和繁琐手续；另一方面也有助于加强对纳税人的有效监控，提升税收征管效率。在数字经济大背景下，税务部门还可以参考市场主体资格登记的模式，将虚拟经营场所确定为经营场所，例如在登记表上注明IP地址，这样就可以避免跨境电商引发的税源地确认困难的难题。

4.4.2 完善征税对象划分规则

1）明确收入所得性质

税务机关可以根据数字经济参与者与传统雇用者的关系判定所得性质。如果数字经济从业者与数字经济平台签订了劳务合同，那么平台就应向其雇员发放工资、薪金所得，应按照相应的税率进行个税缴纳。例如，与网络直播平台有雇佣关系的主播、与网约车平台有雇佣关系的网约车司机、与某些知识使用平台有雇佣关系的知识分享者，其收入都按照工资、薪金所得征税。然而与数字经济平台没有签订雇佣合同，只是签订分成合同或兼职的从业者，其获得的收入应归类为工资以外的类别。

但在巨大的数字经济体系之下，除雇佣关系获得收入以外，还有其他形式，在征税过程中也应有其他判定标准。总体根据不同税目的定义来看，数字经济从业者的个人收入可以被归类为“劳务报酬”或者“个体户的经营所得”，但二者的征收方式适用的税率不同，这就会造成税务机关的征收程序复杂、工作量繁重。《个人所得税法实施条例》第六条规定：“个人所得难以界定应纳税所得项目的，由国务院税务主管部门确定”。所以税务机关可以对现行个人所得税的一些税目进行再划分，在一些税目之下，对一般劳务所得和互联网零工就业人员的兼职所得进行“二元区分”，并对其进行分类。这种做法既可以避免各税种的归属感不明确，又可以简化个人所得税的税制，减少在税务部门的税收征收管理中出现的争议。

2）识别纳税人身份

纳税人身份的识别，主要依据《中华人民共和国电子商务法》第十条豁免登记事项中规定的无须办理市场主体登记的三种情形。然而，该法中关于“零星小额”和“便民劳务活动”的概念缺乏进一步阐释，存在模糊之处。为此，可参照《网络交易监督管理办法》第八条，其中对“零星小额”的具体额度以及“便民劳务活动”的具体活动范围做出了详细规定，借助这些规定，能够更精准地识别纳税人身份，从而准确判定所得性质，为税收征管提供有力支撑。

在数字经济领域，当就业者与雇用者之间不存在劳动雇佣关系时，可通过判定纳税人身份来明确所得性质。具体来说，若从业者为个体工商户，其所得应按照经营所得纳税；若为自然人卖家，所得则按照除工资、薪金所得，经营所得之外的其他所得纳税。

3）判断交易性质

若不存在上述两种情况，可以根据交易性质来判断其所得归属。

数字经济发展中面临的显著挑战在于收入属性在多元化交易场景中的界定模糊。为确保税收征管体系适应新型业态发展需求，可以通过交易实质判定规则来厘清个人所得性质，防范因分类标准不清导致的税基侵蚀风险。以知识传播类收入为例，现行制度框架下可依据法定要件区分稿酬与劳务报酬：对于通过数字化平台提供专业咨询、技术推介等服务所获收益，以及在网络空间发布原创内容获得的用户打赏，应统一纳入劳务报酬征税范畴。这种分类标准的适用性在于，网络打赏收益不具备传统出版物发行特征，更符合即时性智力服务对价属性。将此类数字收入明确归入劳务报酬，既能完善税收征管机制，又能引导新兴职业群体主动履行纳税申报义务，促进税收公平原则的实现。

4.4.3 明确纳税义务发生标准

1）数字经济平台主动识别

在数字化经济模式下，首先要明确有哪些人应该负有纳税责任，应当明确平台参与者一旦提供服务或产品就需要承担纳税义务，明确平台活动从业者与平台之间的权责，然后根据其业务类型来判定各自需履行的纳税义务。这就应当发挥平台的监管能动性，根据个人所得发生的时间、地点、环节来确认纳税义务。

2）强制数字化交易凭证

在实践中，许多国家的税务部门都在逐步运用大数据来推动税收征管效率提升。要求所有数字交易平台（如应用商店、云服务商）自动生成带有唯一编码的电子发票，并与税务系统实时对接，便于税务系统及时有效地处理交易和服务双方的纳税义务。细化个人所得税应税项目和所得范围的规定，明确虚拟货币、数字资产等新兴业务的征税规则，对网络主播等新就业形态人员的收入性质进行清晰界定。并将新定义的应税项目和所得在税务信息平台及时更新，便于各类交易形成交易编码来识别纳税义务。税务机关可以利用区块链不可篡改的特性记录交易时间、金额、参与方信息，形成可追溯的电子证据链来完善数字化交易凭证的使用。例如，欧盟试点“增值税区块链”项目，追踪跨境数字服务交易，这样对于跨境个人发生的纳税义务也可以得到识别。

3）第三方平台数据共享义务

建立健全网络平台向税务机关定期报送数据的机制，要求平台按照规定的格式和内容，报送平台用户的交易信息、收入流水、用户注册信息等。税务机关可以根据这些数据进行比对分析，及时发现纳税人的应税行为和纳税义务履行情况，加强税收征管。可以通过法律的保护，要求支付宝、PayPal、App Store等支付、交易平台定期向税务机关传输交易流水、用户身份、IP地址等核心数据（如OECD《平台运营商报告规则》），避免电商和个人在此过程中有逃避纳税义务的风险。

4.4.4 拓宽个人所得税税基判定

数字经济背景下涌现出的多样化收入，同样也为拓宽个人所得税税基提供了更多的可能性。所以当前应更加完善和拓宽个人所得税税基，来确保个人收入在税款缴纳的过程中有可靠的依据。

1）细化和拓宽税基界定规则

税务机关可以以列举、释义等方式，明确数字经济中各种所得形式归属及税基范围。比如，清晰界定数字版权转让所得等属于哪类应税所得及如何确定税基。对新兴数字业务模式，如共享经济、零工经济中的收入，及时出台针对性规定，优化税制要素，拓宽个人所得税税基，在数字经济中发现更多的个人所得，将其纳入到个人所得税征税范围，践行“宽税基”的原则，加强对税源信息的收集整理，进一步扩大征税范围。

2）丰富反避税条款

针对数字经济中利用税收洼地、关联交易、复杂架构等避税行为，制定专门反避税条款。明确税务机关可对不合理商业目的进行纳税调整，对数字经济企业和个人的跨境交易、无形资产转让定价等加强监管，确定合理的税基。

3）构建信息共享机制

税务机关要与银行、支付平台、网络平台等建立常态化信息共享机制，获取纳税人的交易流水、资金流向等信息，以此准确计算税基。如与电商平台合作获取商家销售数据，与直播平台共享主播打赏及带货收入数据。同时对各类交易行为进行监控，监测出现违反纳税规则的行为，避免侵蚀税基。

4）全面建立纳税人信息库

运用大数据技术，为每位纳税人建立全面的数字信息库，涵盖其在数字经济领域的各类收入、支出、资产配置等信息。通过数据挖掘和分析，识别纳税人的潜在应税行为和税基变动情况。

4.5 数字经济发展给个人所得税征管带来的机遇和挑战

4.5.1 数字经济发展给个人所得税征管带来的机遇

随着数字经济时代的到来，原有的税务征收模式已经不再适用于当前的经济发展形势，然而新的生产要素和生产力的变化又促使税收征管模式出现了较大的变化。数字经济对税收带来的机遇主要表现在税收征管改革上，且基于信息化、数字化等技术对税收征管的正面影响可能要远超我们的想象。也就是说，数字经济给税收征管所带来的机遇要大于挑战。具体体现在：

1）数据驱动的精准征管

数据作为一种新型生产要素不只运用在生产销售环节中，同样在辅助税收领域也发挥着重要作用。数据驱动的精准征管模式正深刻改变着个人所得税的管理方式，显著提升了税收征管的效率和准确性。数据驱动的精准征管的优势体现在诸多方面：

（1）税收优惠政策的精准落实

我国同样也在积极正确地落实数据驱动税收征管这一理念。以我国的税收优惠政策为例，各省税务部门如何将税收优惠政策精准帮扶到纳税人、缴费人成为一大难题。国家税务总局利用大数据精准识别优惠政策适用纳税人，减少各省自行筛选扫描的中间环节，促进了减税降费政策精准有效落实到位。据统计，自2021年2月“精准推送”数据服务接口上线以来，国家税务总局累计推送数十批发布单，各省局调用接口服务百万余次，惠及5亿余户次纳税人。

（2）信息识别的高质高效

基于大数据技术的智能征管体系赋能税务部门高效处理海量经济行为信息，通过构建多维数据分析模型实现税源精准识别，进而提升个税征管效能。例如，通过整合电商平台交易记录实现网络交易行为的动态监控，有效捕捉数字经济活动中的应税要素。在技术应用层面，云计算与人工智能深度融合构建的自动化处理系统，重塑了纳税申报、稽核校验等环节的操作范式，显著提升了税务行政效能。值得关注的是，部分发达国家已着手构建基于区块链技术的系统确保税务数据的安全性，借助其不可篡改特性强化涉税信息安全保障，通过增强数据追溯能力提升税务治理的权威性与可信度。

（3）征税风险的精准识别

数字技术和人工智能技术的不断成熟以及广泛的使用，使税务管理系统逐渐趋向于智能化、数据化、效率化，除了能够识别海量信息，还能够发现潜在的征税风险。例如，通过分析个人银行交易记录、社交媒体数据和在线交易信息，税务机关可以准确识别纳税人的经济活动，及时发现申报不实等问题。

（4）征管效率的大幅提升

在数字经济下，现有的税收征管体系结合了大数据、人工智能、5G等信息技术，电子税务局、手机APP等的应用和普及，使得部分个体工商户和个人可以通过手机APP精准缴纳税款，除了给纳税人带来便利还改善了以往缴税的复杂流程。数字经济的发展带来了海量的交易数据，传统征管方式难以应对。数据驱动的精准征管利用大数据和云计算技术，能够快速高效地处理这些海量数据，自动提取、分析关键涉税信息，大大节省了人力和时间成本，提高了征管工作的整体效率。通过数据的自动化处理和分析，能够实现纳税申报、税款计算、风险评估等征管流程的自动化和智能化，减少了人工干预和操作环节，降低了因人为因素导致的错误和延误，使征管流程更加顺畅、高效。当前，国家税务总局已经将“金税四期”系统的研发、改造和更新提上日程，并且已经开始逐步在部分城市进行试点。“金税四期”更加强调“以数治税”的理念，能够更加精准地征收个人所得税。

2）综合与分类相结合的税制改革

综合与分类相结合的税制改革方向的提出最早可以追溯到2013年，在2019年个人所得税改革中得到确切的落实。综合与分类相结合的税制改革是一种将个人所得税的征收方式从单一的分类征收向综合与分类相结合转变的改革举措，旨在更公平、更科学地对个人所得进行征税。

2019年实行的新个人所得税改革，简单来说就是我国个人所得税税制由分类税制向分类与综合相结合开始转变。对综合与分类相结合的税制改革总体来说就是对工资、薪金所得，劳务报酬所得，稿酬所得，特许权使用费所得采用综合计税的方式；对利息、股息、红利所得，财产转让所得，财产租赁所得等其他税目依然采用分类计征的方式，逐步建立起综合与分类相结合的税制的框架。同时明确现行的个人基本养老保险、基本医疗保险、失业保险、住房公积金等专项扣除项目，以及依法确定的其他扣除项目继续执行，增加规定了子女教育支出、继续教育支出、大病医疗支出、住房贷款利息和住房租金等与人民群众生活密切相关的专项附加扣除。此项改革影响深远，从税制公平的角度去看，综合计征能够平衡不同收入来源但是收入水平一致的纳税人的税负，即税法所说的横向公平，使同等收入的人缴纳同等税额的税款。

此次改革进一步提高基本扣除费用标准，同时对税率级距进行调整，对提升税收公平性、优化税收征管效率、促进经济社会发展等都有着积极意义。

（1）提升税收公平性

第一，综合与分类相结合的征收方式强化了个人所得税对高收入群体的调节作用。对于高收入者，其收入来源往往更加多元化，在综合征收模式下，将各类收入合并计税，适用更高的边际税率，从而加大了对高收入群体的税收调节力度，缩小了贫富差距，促进了社会公平。在传统分类税制下，高收入者可通过将收入分散为不同类别（如工资、劳务报酬、稿酬等），利用各类别低税率或扣除政策降低税负。例如，某高收入者将100万元收入拆分为工资50万元（税率30%）、劳务报酬30万元（税率20%）、稿酬20万元（税率14%），总税负明显低于综合计税的累进税率。综合税制将工资、劳务报酬、稿酬、特许权使用费合并为“综合所得”，适用3%~45%的累进税率。例如，若上述100万元合并计税，扣除基本费用后可能适用35%或45%的税率，显著增加了高收入者税负，减少了收入分配差距。

第二，通过将多种收入合并计算，综合征收能够更全面地反映纳税人的实际收入水平。不再因收入来源不同而产生税负差异，真正实现了“所得多者多纳税，所得少者少纳税”的原则。横向来看，综合与分类相结合的征税方式消除了“同收入不同税负”的扭曲观念，收入金额相同但收入来源不相同的现象可能会因扣除比例不同而产生矛盾。在综合税制下，两者合并收入后适用相同税率，税负趋近一致，保证税收的横向公平。纵向来看，数字经济的高速发展使得少数高收入者（如头部主播、平台高管）收入激增，在综合税制下，例如年收入超过96万元的部分适用45%税率，显著提高其实际税负率，体现高收入者承担更多社会责任的公平理念，纳税人“量能缴税”，保证税收的纵向公平。

（2）优化税收征管效率

第一，对征管模式进行优化，综合与分类相结合的征税方式将不同来源的收入进行综合计算，同时对一些特定项目实行分类征收，简化了征管程序，提高了征管效率。例如，工资、薪金所得可以继续采用分类征收的方式，由支付单位代扣代缴，而其他劳动所得则纳入综合所得，按年合并计征。这种方式能够减少税务机关的征管工作量，提高征管效率。这种征税方式明确了征管责任，避免了因收入来源不同而导致的征管责任不明确的问题。例如，对于综合所得，由纳税人自行申报，税务机关负责审核和征收；对于分类所得，由支付单位代扣代缴，税务机关负责监督和管理。

第二，通过简化办税流程，减少纳税人、缴费人重复报送，我国的税务管理领域近年来持续推进服务流程优化改革，重点从制度创新和技术赋能两方面提升征管效能。在制度创新层面，税务系统着力构建信用导向的行政确认机制，通过系统化实施税务证明事项告知承诺制度，扩大容缺受理事项清单，并将涉税资料报送方式调整为“先备后查”管理模式，大幅精简企业申报流程。在数字化建设方面，根据《“十四五”税收发展规划》实施进度，2021年度已实现企业常规税费业务掌上网络端办理，个人涉税事项掌上移动端办理；至2022年底，全国标准化电子税务平台完成整合升级，形成“非接触式”办税场景的服务矩阵。

依托税收大数据平台，税务机关构建起精准化纳税服务体系。通过建立纳税人信用评价模型和行业特征标签库，实现税收政策与操作指引的定向推送，特别是针对信用评级A类企业和重点税源单位，提供定制化辅导方案。这种差异化服务机制既提升了政策传导的精准度，又通过正向激励有效增强了纳税主体的遵从意愿。

（3）促进经济社会发展

第一，促进消费与经济增长。综合与分类相结合的税制改革使中低收入群体税负减轻，可支配收入增加，能增强其消费能力，扩大消费需求，发挥消费对经济增长的基础性作用，推动经济的可持续发展。同时，税收制度的公平合理也有助于营造良好的经济环境，促进劳动力等生产要素的合理流动和优化配置。

第二，增强纳税意识与社会责任感。综合与分类相结合的税制改革使纳税人更清晰地了解自己的纳税情况和税收对社会的作用，增强纳税意识和对税收制度的认同感。纳税人在享受税收扣除等政策的同时，也更能体会到纳税是对社会的贡献，有助于培养公民的社会责任感，促进社会和谐发展。专项扣除的设立充分考虑了纳税人在生活各方面的实际支出差异，使税收负担更加公平合理，让有不同生活负担的纳税人能在合理范围内减轻税负，有助于缓解社会收入分配不均的矛盾，促进社会公平正义，维护社会稳定和谐，增强社会凝聚力。

4.5.2 数字经济条件下个人所得税征管面临的挑战

近年来，随着数字经济的发展，交易方式、交易对象和商品等的数字化对个人所得税征管产生了影响。目前我国现行的个人所得税征管方式主要有两种：一是由数字经济相关平台为其员工发放工资并代扣代缴个人所得税；二是依靠纳税人自觉自行申报个人所得税，然而这两种方式在数字经济背景下却不能完全适用。

1）纳税人履行义务层面

（1）数字经济参与者纳税主动申报意识薄弱

尽管我国的个税改革大力倡导纳税人自主申报税款，但由于数字经济活动的虚拟性和便捷性，使一些纳税人对个人所得税的纳税义务认知模糊，认为数字交易的收入难以被税务机关监管，存在侥幸心理，纳税遵从度较低。以网络直播为例，其依托电子支付手段与虚拟货币的普及，赋予了资金流转较强的隐匿性特征，客观上增加了税务监管的复杂性。该业态的爆发式增长不仅催生了打赏经济、品牌联营等创新盈利模式，更对现有税收征管体系形成挑战。从实践层面分析，纳税服务体系存在双重优化空间：其一，当前服务平台虽已覆盖主流社交媒介，但核心功能仍停留在政策宣导层面，缺乏针对纳税人差异化诉求的解决方案；其二，现行制度中对依法履行申报义务的主体缺乏正向激励机制，而对违规纳税人仅设置最高1万元的经济处罚，既难以形成有效约束，亦无法通过制度设计提升纳税遵从度。

（2）数字经济参与者使用税收筹划手段避税

数字经济催生出的大量经济形态能够使得个人获得大量收入，且在C2C等交易模式中，一般不需要开发票，这就使得交易更加具有隐蔽性，税务管理部门难以找到交易信息。在数字经济下，往往获得高额收入的个人避税意识强烈，又能够凭借资源优势进行专业的税收筹划。例如，从预防角度看，大量网络主播偷税案件警醒我们必须有针对性地破解税收筹划为税款征收带来的弊端。比如因为偷逃税被税务机关查处的主播黄某，她不仅隐瞒了通过直播获得的报酬，还成立了多家公司编造业务的发生，将直播收入转移成为这些公司的经营收入，进行虚假申报，逃税税额达6.43亿元。虽然税务部门通过大数据技术，成功查处了一些发生偷税漏税行为的网络主播，但是在短期内建立起一套全面可靠的管理措施还有一定的困难，这给个人所得税征管带来了相当大的挑战。

2）税务部门税收征管层面

（1）征管技术的相对落后

随着金税体系建设的深化推进，我国智能化税收管理平台已基本构建完成，“数据驱动型”税收治理模式显现出更强的系统性特征。从近年稽查案例可见，税务机关通过多维数据关联分析技术，已实现对市场主体经营行为和票据流转的全流程动态追踪。通过技术赋能，税收征管体系正加速向智能化方向转型，现代化治理能力得到显著提升。在数字经济交易领域，由于交易活动的非实体特征，资金流动、信息交互与物流运输呈现时空分离特性，这给税务监管带来显著挑战，其具体表现为收入流向难以精准追踪、网络主播应税所得核定存在技术障碍。值得注意的是，第三方电子支付工具的普及应用使得收入方式更具隐蔽性，特别是当交易方采用复合加密技术时，涉税数据溯源难度呈现指数级增长。更值得警惕的是，区块链技术支持的去中心化加密数字货币若实现规模化应用，现有税收稽查体系将面临颠覆性挑战。

（2）税务人员素质、能力不足

一方面，税务系统的老员工多为终身制，且相当一部分学历背景欠佳，知识结构陈旧。在大数据更新迭代迅速的信息化时代，他们缺乏主动学习的意识，对新知识的接纳和理解能力有限，难以跟上税收信息化的步伐。目前，税务系统中不少人员长期固定在同一岗位，且大多毕业于财税专业，普遍存在一种误区，认为税务信息化仅仅是信息中心人员的职责，自己只需专注本职工作即可。另一方面，大数据人才培养与激励制度的缺失，严重制约了税收信息化建设。税务机构内部信息中心的人员配置，难以满足税收信息化快速发展的需求。由于对大数据人才的重视程度不足，培养力度不够，致使相关专业人才不断流失。此外，税务机关既缺乏对大数据技术人员明确的业务建设要求，也没有切实可行的激励政策，无法有效推动工作人员持续完善大数据共享系统。

3）制度设计层面

（1）征管制度缺乏有效协作

税务系统内部协作机制匮乏。其一，垂直信息传导存在阻滞。我国现行税收管理体系采用“统一领导、层级实施”的运作模式，由于基层部门掌握着更为翔实的税源动态信息，而顶层决策机构在制定征管计划时难以实时获取地方差异性数据，从而致使基层部门被动执行与区域经济特征适配度不足的征管任务。其二，区域性征管数据整合面临技术障碍。随着税务管理机构整合改革的实施，各地的税务部门采用的征管系统存在技术标准差异，加之全国性税务数据交换中枢尚未完全建成，使得跨行政区域纳税主体的收入信息（尤其是跨境、跨省经营主体）难以实现即时交互与有效聚合，制约了税收监管的整体效能。

（2）大数据背景下税收法律法规体系不够健全

我国现行税收法律法规虽对个人所得税征管做出原则性规定，但在数字经济背景下的税收治理实践中仍存在制度性缺失，具体表现为：信息管税缺乏专门立法支撑，个人涉税信息保护机制尚未健全，税收监管体系法律约束效力不足。这种制度缺位导致征纳双方均面临法律风险，惩戒机制威慑力不足使得纳税人违规成本降低，可能诱发隐匿应税收入、逃避纳税义务；税务人员因监管缺位易滋生腐败问题或违规使用敏感涉税数据；第三方机构也存在信息提供配合度不足的情况。这些问题不仅影响税收征管效能，也阻碍了信息化建设的进程，形成阻碍现代税收治理体系发展的制度瓶颈。

4.5.3 数字技术赋能征收方式改革

数字经济时代催生出大量的就业方式使得个人的收入增加，与此同时，数字技术的发展和不断精进也给纳税人缴纳税款提供了更加多样便捷的方式。面对当前税务数据的爆炸式增长，数字技术为个人所得税的征管提供了巨大的技术支持。区别于以往传统的征税方法，数字经济时代个人所得税征收的进步主要体现在以下两方面：

1）线上申报和缴税

2019年，为保障《中华人民共和国个人所得税法》的顺利实施，国家税务总局基于数字技术推出了自然人收费管理系统，并且发布了个人所得税APP，实现了税务机关对个人所得的精准征收，使得居民收入和应纳税所得额变得清晰、明了。如今，居民进行年度汇算时，只需登录App完成身份确认，相关信息便会自动生成并填报。之所以能实现如此高效的汇算效率，背后是大数据技术驱动下数据处理能力的飞速提升。这一技术不仅极大地方便了纳税人，也显著提高了税务机关的征收效率，实现了征纳双方的双赢。

在数字经济蓬勃发展的当下，个人所得税线上申报和缴税模式展现出了无可比拟的优势与积极表现。

（1）智能引导，简化操作流程

线上申报系统的智能化设计，极大地简化了办税流程。纳税人录入基本信息后，系统能自动导入工资、薪金，劳务报酬等常规收入数据，纳税人只需核对确认，大大节省了填报时间。对于子女教育、大病医疗等专项附加扣除项目，系统提供了直观的填报模板和详细的提示，纳税人只需按照指引填写，就能准确享受税收优惠，有效减少了因操作复杂导致的错误，让办税变得更加简单易懂。

（2）数据驱动，实现高效准确计税

大数据和云计算技术的深度应用，让线上申报系统的数据处理能力得到质的飞跃。系统能快速整合纳税人全年的各类收入信息，运用精准的算法计算应纳税额，避免了人工计算可能出现的疏漏。同时，系统还具备风险预警功能，能自动识别潜在的申报问题，如收入数据异常、扣除项目不符合规定等，及时提醒纳税人更正，确保申报的准确性，让税款缴纳更加公正透明。

（3）实时交互，打造高效办税闭环

线上申报缴税实现了信息的实时交互与反馈。纳税人提交申报信息后，系统即刻进行处理，并将结果即时反馈给纳税人。无论是申报成功的确认，还是需要补充资料的提示，纳税人都能第一时间知晓，无须漫长等待。这种即时反馈机制，不仅提升了纳税人的办税体验，也让税务机关能够实时掌握申报情况，及时发现问题并进行处理，提高了征管效率，实现了征纳双方的高效互动。

（4）多重保障，筑牢信息安全防线

在数字化办税过程中，信息安全至关重要。线上申报系统采用了先进的加密技术，对纳税人的个人信息和财务数据进行全程加密传输和存储，防止数据被窃取或篡改。同时，税务机关严格遵守相关法律法规，建立了完善的信息保密制度，对纳税人的信息进行严格保密，让纳税人能够安心办税，无后顾之忧。

综上所述，数字经济背景下个人所得税线上申报和缴税模式，以其便捷、高效、准确、安全的显著优势，为纳税人和税务机关带来了双赢的局面，有力推动了税收征管现代化的进程，成为数字时代税收治理的重要创新实践。

2）自动算税和智能征管

自动算税改变了以往纳税人或税务人员手动计算税款的方式，通过系统对相关数据的自动采集、分析和运算，快速、准确地得出个人所得税的应纳税额。个人所得税智能征管是指税务机关运用大数据、人工智能、云计算等现代信息技术，对个人所得税的征管流程进行智能化改造和优化，实现从税源监控、纳税申报、税款征收、税务稽查等全流程的智能管理和服务。

在数字经济浪潮奔涌的时代，个人所得税自动算税与智能征管模式顺势崛起，它们以创新之姿，为税收征管体系带来前所未有的变革，展现出传统模式难以企及的显著优势。

（1）自动算税，精准高效，颠覆传统计税模式

在过去，计算个人所得税对纳税人而言堪称一项艰巨任务，面对繁杂的收入类型，如工资、薪金，劳务报酬，稿酬以及特许权使用费等，纳税人不仅要一一梳理，还要反复对照复杂的税率表和扣除标准，进行耗时费力的计算，稍有疏忽，便可能出现计算错误，导致纳税申报出现偏差。

而如今，大数据与云计算技术为自动算税系统提供了强大的技术支撑。该系统能够实时、精准地采集纳税人的各类收入数据，同时整合专项附加扣除、减免税等关键信息。基于这些全面且准确的数据，系统严格依据现行税收政策与科学算法，瞬间便能完成应纳税额的计算。这种计算方式，不仅速度超乎想象，准确率更是达到了极高的水

准，杜绝了人工计算易出现的疏漏，极大地节省了纳税人的时间与精力，让计税工作变得更加高效。

（2）智能征管与个性服务

智能征管在税源监控和纳税服务方面表现卓越，为税收征管工作带来了质的飞跃。

在税源监控上，借助与金融机构、企业等多部门的数据共享机制，税务机关成功构建起一张全方位的税源监控网络。这意味着，纳税人的每一笔收入变动都能被税务机关实时掌握。一旦纳税人获取一笔大额劳务报酬，银行的支付信息便会即时传输至税务机关，税务机关可以迅速核实该笔收入的纳税申报情况，确保每一笔税源都能被精准捕捉，有效堵塞税收漏洞，实现税收征管的全覆盖。

在纳税服务方面，智能征管系统展现出了强大的个性化服务能力。它通过对纳税人长期以来的申报数据和纳税行为进行深度分析，精准洞察纳税人的纳税习惯与实际需求。基于这些分析结果，系统能够为纳税人推送极具针对性的税收政策解读和办税提醒。例如，对于家中有子女接受教育，符合子女教育专项附加扣除条件的纳税人，系统会在申报期临近时，贴心地提醒其准备好相关资料，及时进行申报，让纳税人切实感受到便捷、贴心的服务，显著提升办税体验。

4.6 数字经济下个人所得税征管完善的政策建议

4.6.1 加强纳税主体信用建设

1）完善纳税信用评价体系

建议加快推进个人所得税征信管理体系建设，构建纳税人信用综合评价机制。依据申报合规性、税款缴纳及时性及违法记录等指标，建立多维度信用积分模型，通过设定多维指标权重和算法模型实现动态信用评级。税务机关可在电子税务平台（含网页端与移动端）设立信用承诺签署系统，要求纳税人确认申报资料的真实性与完整性，同步建立信用档案公示模块，引导纳税人强化信用自律意识。对于信用优良主体，可依据征信评级实施差异化税收激励政策。此外，需要构建失信行为动态监测体系，通过数据稽核与分级预警机制，对潜在失信行为实施前置性干预，从而有效遏制税收违法行为发生。纳税信用评价周期可根据实际情况进行优化调整。对于个人所得税纳税人，可尝试采用月度、季度和年度相结合的评价方式。月度和季度评价主要针对纳税人的申报和纳税行为进行实时监测，及时发现问题并给予提醒和纠正。年度评价则是对纳税人全年的纳税信用情况进行综合评估，确定其信用等级。这样的评价周期设置既能及时反馈纳税人的纳税行为，又能全面反映其全年的纳税信用状况。

2）加强纳税信用宣传和教育

依托数字平台创新宣传形式。充分利用数字经济时代的各类平台优势，打造新颖多样的宣传形式。在社交媒体平台上，例如抖音、小红书等，制作生动有趣、富有创意的短视频和图文内容，以通俗易懂且吸引人的方式讲解个人所得税纳税信用知识，如纳税信用评级的作用、影响纳税信用的行为等。借助直播平台，定期开展纳税信用宣传直播活动，邀请税务专家、业务骨干等与纳税人实时互动、解答疑问，增强宣传的趣味性和参与度。同时，利用大数据分析纳税人的浏览习惯和兴趣偏好，精准推送个性化的纳税信用宣传信息，提高宣传的针对性和效果。

在税法宣传教育的过程中，要注重内容的全面性和系统性，从税收的基本概念、政策法规，到具体的纳税申报流程、涉税争议解决途径，都要进行详细阐释。公开财政收入和支出情况，让居民清晰了解税收取之于民、用之于民的过程，知晓税收在公共服务、基础设施建设、社会保障等方面发挥的重要作用，从而消除对税收的抵触情绪。

3）建立失信联合惩戒机制

纳税信用体系建设的核心价值在于对评定结果的有效应用与转化。在制度实施过程中，应着力构建失信联合惩戒机制。具体而言，可针对A级信用纳税人建立优先办税服务机制，实施非核心材料后补的受理模式，显著提升其涉税事项办理效率；对于信用评级较低的纳税人，需构建分级分类监管体系，通过动态风险监控有效防范税款流失。同时，应深化跨部门信用信息共享机制，将纳税信用纳入社会信用评价基准框架。对于持续保持优良纳税记录的纳税人群体，可实施审批流程简化、信贷支持倾斜等激励政策，如在不动产交易领域给予差异化贷款额度调节；而对于那些在个人纳税申报中提供虚假信息等存在严重失信行为的纳税人，采取限制银行信贷、限制出境等联合惩戒手段。通过逐步构建起诚信激励与失信惩戒的机制，既能通过正向激励引导人们积极守信，又能反向提升人们的守信意识，这对在全社会营造诚信纳税的优良风气大有裨益。

4.6.2 征税部门的基本建设

1）加强智慧税务系统建设

智慧税收系统建设的首要任务是打造发票信息管理系统。该系统需深度嵌入生产经营的全产业链条，全面整合数字税务电子发票数据，以及与之紧密关联的资金流和物流信息，搭建起一个庞大且精细的数据库。借助云计算平台强大的运算能力，对这些海量数据进行科学分类与精准核算，确保数据的条理清晰与准确无误。同时，引入区块链分布式账本技术，利用其去中心化、加密安全的特性，为发票信息加上“不可篡改”的安全锁，让发票数据在流转与使用过程中始终保持真实可靠，从而实现对发票数据的全流程可控监管。

另一重要举措是构建全国范围内的税务部门税收信息监管链。通过这一监管链，实现全国范围内涉税信息的实时共享与无障碍流通，打破区域之间长期存在的信息孤岛，消除因地域差异导致的信息壁垒。让每一个涉税数据都能在全国范围内的税务系统中高效传递、协同处理，为税收征管提供更加全面、及时、准确的决策依据，有力提升税收监管的精准度和有效性，使税收治理更好地适应数字经济时代的发展需求。

2）加强人才培养和引进

推动大数据技术与税收征管深度融合，需构建专业化的大数据人才支撑体系。当前税务系统存在人才配置梯度失衡现象，高层次复合型人才普遍集中在省级以上税务机关，基层单位面临技术型人才短缺困境。针对我国数字经济背景下征收个人所得税的现实需求，建议实施专项人才培养计划，建立人才遴选机制，从业务条线选拔具备数字化思维的骨干人员，通过定向培养模式开展系统化的大数据技术培训，重点提升数据建模、智能分析等实战能力，使其能有效处理征管中的复杂数据应用难题。还要构建“能力传递”机制，依托实训基地搭建业务与技术融合的实战平台，由受训骨干开展跨部门技术指导，形成“业务导师+技术专员”的协同团队，通过以点带面的辐射效应提升整体队伍的数据治理能力，最终构建覆盖全税种管理、贯穿征管全流程的大数据应用体系，实现从经验型管理向数据驱动型治理的转型，显著提高个税征管的精准度和智能分析水平。

3）完善绩效考核和激励机制

一方面，需通过技能培训、绩效奖励与职业晋升等激励手段，引导税务人员掌握数据挖掘、区块链技术应用及跨境税收规则解析等数字能力，强化对直播带货、NFT交易等新兴领域税源的动态监控；另一方面，应重构考核指标，将数据治理贡献度、算法模型开发效能、风险预警准确率及纳税人合规辅导满意度等纳入评价维度，以量化其应对隐性税源识别、自动化系统纠错等非传统工作的实效性。此外，结合“智慧税务”生态体系的政策导向，探索设立数字技能专项津贴、引入第三方评估机制，可推动形成“技术赋能+制度创新”的双向驱动模式，既缓解技术依赖导致的执法僵化风险，又通过激励下沉服务提升弱势群体的纳税便利性。这一改革不仅契合“以数治税”的转型目标，更能通过复合型人才队伍建设，平衡税收治理效率与收入分配公平，为数字经济时代的税制现代化提供可持续的制度支撑。

4.6.3 完善制度立法规范税收征管

1）构建智能化税务数据共享机制

针对税务系统纵向协作不畅问题，需以数字化转型重构信息传导体系。建议依托区块链技术构建国家级税务数据平台，通过分布式记账技术实现基层税源数据的实时加密传输与动态校验，确保决策层可同步获取多维异构数据。同时，开发智能分析模块嵌入税收征管系统，运用机器学习算法自动识别区域经济特征，生成差异化征管策略建议，变“被动执行”为“智能适配”。可借鉴新加坡“智慧税务中枢”（Smart Tax Hub）经验，建立数据质量评估指数，将基层数据报送时效性、完整性纳入绩效考核体系，激发纵向协作内生动力。

2）建立跨区域税收协同治理框架

要破解跨区域税收治理的困境，需要建立统筹技术创新、制度优化与数据治理的多维联动机制。在技术层面，可利用区块链技术构建跨区域数据共享平台，通过智能合约自动执行数据验证规则，实现跨境及跨省企业收入信息的实时归集与核查。针对各地的税务系统技术标准不统一的问题，开发标准化适配组件，兼容不同层级、区域的异构系统，打通数据交互的技术堵点。在制度设计上，建立动态税收管辖权分配机制，依据数字经济活动的实际发生地、价值创造环节等核心要素，科学划分税收权益归属。参考国际税收改革经验，设计省际税收利益协调模型，平衡地区间因跨域经营产生的税收分配矛盾。在数据应用方面，搭建覆盖多部门的数据整合平台，融合工商登记、跨境支付、物流信息等多元数据，运用大数据分析技术识别跨区域交易的隐蔽风险。例如，借鉴欧盟数字平台税收信息申报规则，构建全链条税源监控体系，对平台经济实施穿透式监管。此外，建立“数据共享-税收分成”联动机制，将地方政府的数据共享贡献度纳入财政转移支付核算体系，通过经济利益激励破除区域协作壁垒，形成可持续的协同治理格局。

3）完善税收征管相关法律制度

为推进税收治理现代化，需构建系统化的法律保障体系。首要任务是完善个人所得税征管数字化立法框架，明确大数据技术在税收征管中的法律地位和操作规程，通过立法程序确立信息化征管的制度基础，为科技治税提供法律依据。同步需建立涉税数据安全专项法规，鉴于税务信息采集过程中可能触及个人隐私和商业秘密等敏感数据，若缺乏具有强制力的法律约束机制，极易引发信息泄露风险，进而降低纳税人对智慧税务的信任度，导致涉税数据申报完整性和准确性的降低，所以应当设立专门法律来规范电子税务平台的数据处理行为。

4.7 小结

数字经济的高速发展重塑了经济形态，也给个人所得税税收征管提出了全新挑战。本章以数字经济为背景，系统分析了个人所得税征管的现状、问题及优化路径，旨在为构建适应数字经济时代的税收制度提供理论支撑与实践建议。

在数字经济背景下，个人所得税收入规模总体呈现增长但增速波动的特征，收入结构愈发多元化。工资、薪金所得仍是主要税源，但劳务报酬所得、特许权使用费所得等新型收入占比显著提升。传统征管方式面临多重挑战，例如纳税主体界定模糊、征税对象划分困难、纳税义务难以明确等。针对数字经济背景下个人所得税征管面临的问题，本章分别从纳税人层面、税务部门层面、法规制度层面都提出了对应的对策建议。

在如今数字经济高速发展的背景下，个人所得税税收制度改革的实施对我国个人所得税征管工作提出了更高的要求。数字经济的发展不仅促进了我国经济的高质量发展，同时也促进了税务机关征收个人所得税的能力，使得征收更加数字化、精准化、智能化。依托数字技术的深入应用，税务部门的数据处理效能得到显著增强，有力推动了我国个税征管体系向智慧化方向转型升级。在数据智能化处理背景下，税务机构搭建的综合性征管平台已实现数亿自然人涉税信息的精准归集，通过智能化校验机制使征缴覆盖面和数据准确率获得双提升。这一技术突破不仅保障了年度汇算清缴工作的平稳运行，更为专项附加扣除、多源收入合并计税等税制改革举措的落地提供了可靠的技术支撑。

在未来数字经济深入发展的走向下，个人所得税税制改革将呈现多维度的创新趋势。随着数据要素成为新型生产要素，传统以劳动性收入为核心的税制框架面临结构性挑战，改革需着力解决征税对象模糊化、税基流动性增强及跨境税收协调不足等问题。改革方向可聚焦于：

第一，构建动态税基认定机制，将数字服务收益、虚拟资产增值及数据交易所得纳入综合所得范围，运用区块链技术实现收入溯源与实时监控。

第二，推行差异化税率结构，针对数字平台零工经济从业者设置弹性扣除标准，同时建立数字资产累进税制以调节财富分配。

第三，强化国际税收协作机制，完善数字经济参与主体跨境交易行为相关法规，建立健全针对跨境收入的动态监管机制，防范个人偷税漏税等行为。

此外，需通过智能征管系统整合多源数据流，运用人工智能算法优化纳税评估模型，提升税收治理的精准性与包容性。此后改革将推动个人所得税从“劳动收入主导型”向“多元要素兼容型”税制转型，在保障财政可持续性的同时促进数字经济时代的税收公平。

4.8 个人所得税征管案例

1）案例介绍——带货主播的涉税风险

近年来，税务部门坚持对各类税收违法行为保持“露头就打”的高压态势，尤其对于近来火热的带货主播偷逃税问题检查力度空前，“蝴蝶效应”正悄悄引发直播带货行业的地震。这次税收征管人员检查组接受的新案子，检查对象就是当地著名网红主播K姐。税务部门在税收大数据分析中发现网络主播K姐涉嫌偷逃税款，且经税务机关提醒督促仍整改不彻底，遂依法依规对其进行立案并开展全面深入的税务检查。

在这之前，K姐所在公司已经被提醒自查自纠，补缴了一部分税款，但税务机关认为其自查自纠不到位，对其采取了再次督促的措施，督促之后依然没有按期整改，于是又对其进行了警告，在“一提醒、二督促、三警告”均没有得到回应或消极回应之后，税务机关才采取了第四步“重点稽查”，于是任务单落到了税收征管人员检查组手里。

税收征管人员通过查案件文档资料发现，K姐以独立个人身份工作，自己名下又有一家个人独资企业。K姐粉丝量为100万人，每场直播观看人数均在10万人左右，每次直播有坑位费，税收征管人员通过与平台沟通询问知晓，按照平均水平来说，每个坑位费为3万元，每次直播至少有20个商品推荐位，一场直播坑位费就高达60万元；况且K姐属于头部主播，其坑位费数值只多不少；另外，根据行业规则，按照单场直播成交额的10%给予K姐佣金，税收征管人员通过电商平台调取的大数据核实发现，2021年11月，连续1个月内K每场直播的成交量都在300万元以上，其中“双十一”当天成交量约500万元，那么单纯佣金收入每天就在30万元以上，K姐2021年直播总量为200场，那么平均下来一年大概坑位费高达12 000万元，佣金收入在6 000万元左右。除此之外，还有粉丝刷礼物、专场直播收费等额外收入。

通过查询K姐及其个人独资企业的个人所得税纳税申报数据，以及K姐自查之后补交税款信息，就会发现申报收入与上述收入之间有明显差异。其按照劳务报酬申报的收入总额为500万元，按照经营所得申报的收入总额为2 300万元，由于当地确实有针对电商发展的优惠政策，因此采用10%税率核定征收，两笔所得缴纳税款分别是89万元和230万元。但根据大数据核查到的收入总额来看，其申报的应纳税所得额与现实收入还相差甚远。

2）案例纠错

（1）收入划分可能存在一定问题

由于其他地区税务局已经对很多网红主播的偷逃税款问题进行了

惩罚，有了比较多的经验借鉴，所以税收征管人员检查组可以“按图索骥”。目前网络主播业务形式多样，涉税类型也多种多样，税收征管人员捋顺了现有常见的几种直播带货涉税类型。

第一种，主播以独立非雇用身份与平台之间合作，这时平台与主播之间是劳务关系，因此主播的收入应按照劳务报酬所得缴纳个人所得税，由电商平台代扣代缴，同时由主播自行申报缴纳增值税及其附加税。(但现实情况是，即使平台与主播之间是劳务关系，但平台不履行代扣代缴义务，而是直接将相关款项打到主播所在个人独资企业，以购买劳务的形式来进行处理)

第二种，就是主播成立个人独资企业或合伙企业，这时候主播带货就以提供直播带货服务方式与平台签订合同，取得的收入按照生产经营所得来缴纳个人所得税，但由于很多核定征收的管理规定，所以大部分个人独资企业或者合伙企业，即使有清晰的账目资料，但也选择核定征收的方式，这实际上违背了国家核定征收政策的初衷。因为核定征收所得税的目的之一，是为了引导和督促纳税人尽快规范财务制度，现在反而被纳税人“反其道而行之”，成为其变相降低税收负担的工具之一，最终造成了国家税款的损失。除了按照经营所得缴纳个人所得税之外，个人独资企业或合伙企业纳税人，还应该根据增值税有关规定，缴纳相应的增值税及其附加税。这里面仍然涉及一般纳税人和小规模纳税人的划分问题，通常情况下，对电商主播开设的个人独资企业或合伙企业按照小规模纳税人3%的征收率执行。根据《财政部 税务总局关于对增值税小规模纳税人免征增值税的公告》(2022年第15号)，明确自2022年4月1日至2022年12月31日，对小规模纳税人适用3%征收率的应税销售收入，免征增值税。

第三种，主播与经纪公司签约，再与平台合作。与经纪公司签约的形式有两种：一种是劳动合同，其收入按照工资、薪金所得缴纳个人所得税，由经纪公司代扣代缴；一种是劳务合同，其收入按照劳务报酬所得缴纳个人所得税，也由经纪公司代扣代缴，但主播个人还需要缴纳增值税及其附加税。

第四种，主播与平台签约，直接签约成平台的员工，平台按照工资、薪金所得预扣预缴主播的个人所得税。（因为有的主播可能还有其他劳务报酬所得或特许权使用费所得等，因此次年3—6月由主播自行进行个人所得税的汇算清缴，多退少补）

对照上述合作类型与税收收入划分，税收征管人员认为，K姐有可能将本属于与电商平台之间劳务关系支付的劳务报酬，处理成了支付给K姐个人独资企业的劳务收入，这样就可以逃避劳务报酬所得根据综合所得计算方法最终得到的七级超额累进税率最高档的45%，降低成生产经营所得只有10%的征税率，逃避了大量的税款。

（2）对经营所得的纳税申报可能存在问题

根据前述对电商平台交易数据以及坑位费的基本推算，可以判断出K姐所拥有的个人独资企业存在少计收入的问题。最后，K姐及其团队在数据面前无话可说，补缴了税款、滞纳金和罚款。其中确有合同证据证明属于劳务报酬所得，不得计入生产经营所得；隐匿的直播带货佣金收入，根据合同规定将划归为劳务报酬所得，补交税款、滞纳金和罚款；未依法申报的其他生产经营收入需要补交税款、滞纳金和罚款。

最终，由于K姐团队在稽查立案后能够积极配合检查，并主动补缴税款，具有主动减轻违法行为危害后果等情节，对K姐隐匿直播带货佣金收入偷逃的税款和未依法申报其他生产经营收入少缴的税款处0.6倍罚款。

上述K姐的违法行为还是比较单一的，主要是隐匿应被认定的劳务报酬的佣金收入，以及少申报经营收入两大类，不涉及转换收入性质、转换所得性质、改变征收方式等复杂的操作。

3）税法链接

（1）税务检查五步法

目前对电商主播的税务检查，国家基本上遵循“六步法”：第一步，提醒；第二步，督促；第三步，警告；第四步，重点稽查；第五步，公开；第六步，网络曝光。

（2）核定征收的新政策

通过直播带货“以点带面”，我们发现直播带货的网红大咖们爆发的能量巨大，已经并非以一人之力单兵作战，其背后往往是一个规模庞大的群体性营利团体，且这些个人独资性质的工作室拥有与公司一样的战略规划和治理体系，财务核算也很健全，但如果“主观意愿”下要求核定征收，就为国家的税款流失埋下了隐患。

所以，我国在2021年也进行了税收核定征收的全面清理，所有的税收洼地和招商园区全面清理核定征收的企业，缩小核定征收企业的范围，一般纳税人全部转为查账征收。另外，高收入人群采用独资企业、合伙企业持有权益性投资的所得，一律不得核定征收，全面堵住了限售股转让和所谓股权避税的漏洞。

5

税收征管数字化与企业创新能力的影响研究

5.1 引言

党的二十大报告强调，“必须加快实施创新驱动发展战略，加快实现高水平科技自立自强”。报告明确指出，科技是第一生产力、人才是第一资源、创新是第一动力。科技创新是国家强盛之基，民族进步之魂。企业要想实现高质量发展、培育差异化竞争优势，创新研发是核心要素（Rauter et al.，2019）。2023年9月，习近平总书记强调，要“积极培育未来产业，加快形成新质生产力，增强发展新动能”。2024年国务院政府工作报告提出，要“依靠创新引领产业升级，强化国家战略科技力量……支持先进制造业举措”。其中的理念一脉相承，新质生产力的核心就包含创新能力的提升（高帆，2023）。面对经济增速趋缓与要素成本攀升的双重压力，企业唯有强化创新驱动，才能突破盈利瓶颈，实现高质量发展目标。

颜振军等（2023）认为创新具有负外部性，虽然能使部分企业能够获得竞争优势，但也会导致行业内其他企业经营利润下降。Aghion and Bursztynsa（2012）和王辉等（2024）认为绿色创新的“双重外部性”会导致企业绿色研发动机不足，完全依靠市场机制难以有效激励企业绿色创新。蒋为（2023）认为，数字经济驱动技术创新的同时，其技术及数据要素应用也衍生出一定的负外部性风险。因此，探究政府政策对制造业企业创新能力的影响具有重要意义。

税收作为一种强制性政策手段，是国家层面的收入再分配，影响企业的现金流和日常经营状况。在数字技术革新背景下，新一代信息技术与税收征管体系的融合正在重塑我国的税收征管环境，这种融合不仅提高了税收征管的效率和准确性，还能够缓解征纳双方的信息不对称，从而促进市场公平竞争和高质量发展。然而，数字化技术的应用也为税收征管带来了一些新难题。例如，数据安全和隐私保护成为关键问题，尤其是在数字经济下，企业的商业模式变得更加复杂，交易信息的隐蔽性增强，税务部门获取真实涉税数据的难度加大。此外，数字鸿沟的存在也可能导致部分企业或地区面临更多困难，需要税收征管部门加强监管。在这一背景下，国际社会和中国政府都高度重视数字化技术对税收征管的影响，并采取了一系列政策和实践措施。经济合作与发展组织、世界银行等国际组织均提出了税收征管数字化的指导原则和建议，欧盟、美国等发达经济体积极推进税收征管的数字化建设及加强税基侵蚀和利润转移（BEPS）方面的国际合作。中国也高度重视税收征管数字化转型，在党的二十大报告中，进一步强调加快构建网络强国和数字中国的重要性，为税收征管数字化转型提供新的指导思想和动力支持，为未来的税收工作指明方向。

《“十四五”智能制造发展规划》指出，“制造业是科技创新的重要载体，必须强化企业在创新中的主体地位”。2024年，我国制造业研发经费投入强度为2.68%，较全行业平均水平高出1.8%，占全社会研发投入的58%。2024年中国制造业增加值占GDP总量的27%，直接拉动上下游50余个行业发展。制造业作为立国之本、兴国之器、强国之基，是经济高质量发展的核心关键（江山，孙光国，2025；吴翌琳，2024）。因此，本书从制造业企业入手研究税收征管数字化对创新能力的影响，对促进新质生产力的发展具有重要意义。

尽管已有学者开始关注税收征管数字化对企业行为的影响，如陈怡欣等（2023）探讨了税收征管数字化对企业慈善捐赠行为的影响机制，刘慧龙等（2023）研究了其对关联交易治理的效果，但这些研究多集中于企业的一般性经营行为，对制造业这一国民经济支柱产业的创新领域鲜有关注，本书聚焦制造业企业的研发创新活动，系统考察了税收征管数字化对企业创新能力的影响，填补了这一研究领域的空白。

本书从税收征管数字化角度，为研究制造业企业创新能力的影响因素提供了新的切入点，为理解税收征管数字化的微观经济效应提供了参考，为税收征管政策的制定提供了启示。创新点包括以下方面：第一，研究领域创新。前沿学者关注了税收征管数字化对企业慈善捐赠、关联交易治理等行为的影响，但对制造业这一特定领域的研发创新领域鲜有关注，本书为我国税收征管数字化促进制造业企业创新能力提供了有力论证，丰富了关于税收征管数字化领域的研究内容。第二，研究视角和作用机理创新。本书基于税收征管角度，准确识别信息透明效应对企业创新能力的影响机制，从崭新的外部视角理解和引导微观经济的发展。第三，本书回应了刘同洲、李万甫关于“保障征管数字化转型稳定有序并优化营商环境的要求”的呼吁，考察了税收征管数字化对企业创新力的治理效果，为发挥税收外部治理功能、推动税收征管数字化协同优化、助力制造业企业高质量发展提供了参考。

5.2 制度背景与研究假设

5.2.1 制度背景

随着大数据、云计算等前沿技术与税收征管的深度融合，税收征管领域正迎来一场深刻的变革。为了适应这一变化，国家正致力于革新税收征管体制，国务院推出的“金税工程”便是这一变革的有力体现。它实现了由“人管税”向“票管税”和“信息管税”模式的飞跃。

1994年，“金税一期”工程开始实施，这一政策旨在推广增值税交叉稽核系统，实现税务系统标准化建设。然而，受限于当时的技术条件，数据采集效率低，整体效果并不理想。因此，金税一期工程仅在50多个城市试点，并没有进行全面推广。

1998年，“金税二期”工程启动，通过普及增值税防伪税控系统，有效加强了征税源头监控，抑制了逃税行为。我国的征税模式由经验管税过渡到以票控税。总体来看，从一期到二期的进程，基本实现了对增值税的控制。从2001年到2005年，通过稽核系统的问题发票减少了8.48%，到2007年，增值税征收率达到了83.83%的水平，是我国在税收征管领域的重大进展。

尽管“金税一期”与“金税二期”在增值税专用发票管理方面取得了显著成效，但它们未能完全解决信息不对称导致的税源管理不统一和征管行为不规范的问题。随着大数据、云计算等新兴技术的发展，运用技术手段优化税收管理和确保信息准确性已成必然趋势。在此背景下，国家税务总局进一步推出“金税三期”工程，旨在利用税收大数据整合现代信息技术，构建全国统一的电子税务局，拓宽地方政府的税收征管能力空间，并从外部监督机制对企业施加压力，税务部门可以更加直观地监控企业的纳税情况，实现对企业纳税行为的精准监管和执法。

2021年9月，“金税四期”工程正式启动，先在全国9个省市试点，2024年全面推开，标志着税收治理进入“以数治税”的大数据时代。与“金税三期”相比，“金税四期”在数字化驱动方面将进一步扩大税收大数据资源，并深化内外部涉税数据及非涉税业务信息的整合与联通。然而，由于相关样本数据可得性的限制，目前尚不能对其影响效果进行评估。由此可见，在“金税工程”的历年发展过程中，数字化发展对税款征收的影响逐渐深入，税收征管数字化将会在未来的时间内持续升级优化。研究税收征管数字化并不是对一种临时性的政策进行评估，而是为未来持续发展的政策提供可靠的数据支持。

5.2.2 研究假设

税收在国家治理中发挥着基础性、支柱性和保障性作用。税收征管具有外部治理的功能，能够促进企业规范经营，防止违法行为的发生。Desai（2007）的研究指出，增强税收征管力度可以有效抑制管理层的自利行为，管理层就会更加谨慎和规范地管理企业，企业的运作更加透明、规范，能将更多的资金用于研发。Kamasa（2020）指出税收是影响企业决策的关键因素，其变动对企业研发活动具有显著影响。较低的税负有助于缓解和矫正企业研发产品的外部性问题，提高企业研发活动的积极性。李彬（2017）发现税收征管能够激励企业进行研发投入，政府政策能够有效缓解市场失灵现象。赖妍（2023）指出税收征管通过多种机制对企业ESG表现产生积极影响。税收征管的强化能够促使企业增加研发投入，缓解融资约束，同时降低信息不对称性。赵欣（2024）认为“金税三期”工程实施后能够降低经营风险和减少投资高风险项目，在一定程度上说明了税收征管信息化有助于引导企业进行合理投资，避免盲目追求高风险投资。通过对已有文献的梳理，学界从外部约束、融资约束、纳税信用评级等视角切入，认为增强税收征管数字化有助于提高企业的治理效能，从而提升企业的创新能力。根据以上分析，本书提出假设：

H1：税收征管数字化对提升制造业企业创新能力具有显著的正向影响。

税收征管数字化的信息透明效应可追溯至新制度经济学中的信息不对称理论，具体是指税收征管数字化通过数据共享、流程可视化和技术赋能，降低征纳双方的信息不对称性，从而优化资源配置效率并激发创新能力。

如图5-1所示，从外部视角来看，税收征管数字化使得企业能够通过网络平台、企业网站、社会化媒体等途径，将创新产品及经营数据透明化地传递给市场和消费者，有助于提高市场对企业创新能力的认知，并推动市场需求与企业创新方向之间的匹配。杜剑等（2021）将税收征管作为企业外部约束，提高了税收征管部门和企业之间的信息透明程度，发现税收征管能通过研发投入提高企业价值。通过数字平台，消费者可以实时了解企业的技术创新和产品性能，提高了消费者对创新产品的认同感，也为企业提供了反馈和优化建议，进一步推动了企业创新。

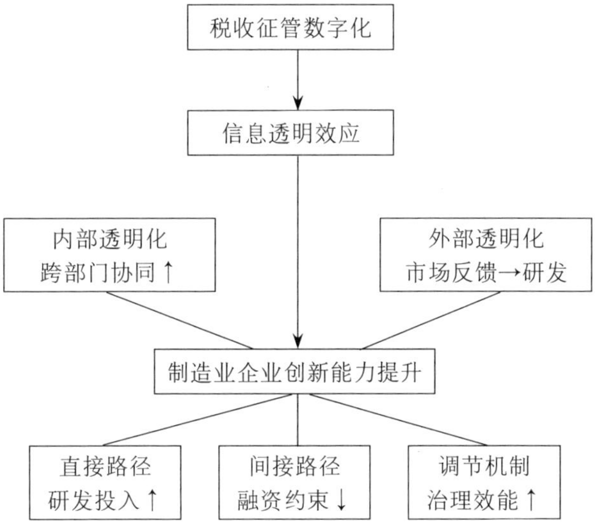

图5-1 作用机制图

从内部视角来看，税收征管数字化实现了多部门实时共享信息，企业内部不同经营环节和部门的信息互补和协同，使企业信息得以最大利用，提高了企业信息披露质量，使得企业更容易获得外部融资，为加大研发投入、提升创新能力提供支持。吕静（2024）研究发现，税收的数字治理能够推动我国企业创新投入，这一关系的实现路径主要依靠信息透明度提升带来的企业寻租成本下降和融资约束缓解。白世杰等（2023）认为税收征管数字化不仅能够显著提升会计信息的披露质量，还有助于企业向外部传递积极的信号，强化税收征管带来的红利效应，还能为企业创新形成良好监督与约束，进一步推动了企业创新能力的提升。目前，多数学者肯定了税收征管数字化通过减少信息不对称，提升了企业创新与市场需求之间的匹配度，推动了创新能力的持续增强的观点。因此，本书提出假设：

H2：税收征管数字化通过信息透明效应作用于制造业企业创新能力。

5.3 研究设计

5.3.1 样本与数据来源

制造业是一个国家实现经济增长和产业结构升级的重要引擎，在技术创新中发挥着举足轻重的作用。本书以2008—2022年沪深A股制造业上市企业为研究对象，由于金税三期工程自2013年开始试点，在政策实施前有5年的准备期，在政策实施后也有9年的缓冲期，保证了事件发生的窗口期合理且充足。为了保证文章结论的准确性，借鉴孙雪娇等（2021）、张玉明（2023）的做法，对数据做以下处理：（1）基于会计持续经营假设，剔除ST、*ST、SST的企业；（2）为避免因关键指标披露不完整而导致的分析偏差，将披露不完全的样本剔除；（3）为减少异常值对回归结果的干扰，对数据进行了双侧5%的缩尾处理，以提高数据的稳健性和可靠性。处理后，最终的主回归数据包含18 041个观测值，数据来自国泰安数据库。

5.3.2 变量定义

1）被解释变量：研发投入（RD）

企业创新能力用研发投入（RD）强度来衡量，即研发投入占营业收入的比例，它可以规避不考虑企业规模直接采用研发投入金额而产生的误差，提升实证的说服力。

2）解释变量：数字化税收征管（TAM）

本书采用金税三期工程实施的时间虚拟变量来衡量数字化征管对企业创新能力影响指标，其值根据各地实施金税三期工程的时间来确定。设置实验组虚拟变量post，“金税三期”实施前赋为0，实施后赋值为1；设立处理组虚拟变量treat，政策实施起始年之前取值为0，之后取值为1，定义政策变量did=post×treat。此举也体现了双重差分法的使用条件，使得试点顺序相对于企业发展质量严格外生，减少了内生性隐患，在一定程度上提高了实验的公平性和准确性。

3）控制变量

为了减少个体特征、经营指标等因素对研究结果可能带来的干扰，本书参考选取以下控制变量：

（1）企业规模（Size）：由于不同企业之间的规模差异显著，采用企业期末总资产的对数作为衡量标准，可以消除规模差异对实验结果的影响，使得不同规模的企业之间更具可比性。

（2）产权性质（Soe）：如果企业为国有企业，则取值为1；如果为非国有企业，则取值为0。

（3）股权集中度（Top1）：股权集中度是衡量企业内部股权结构的重要指标，我们采用第一大股东持有的股份占总股本的比例来衡量。股权集中度的高低会影响企业的决策效率和创新能力。

（4）偿债能力（Lev）：等于负债总额比资产总额。

（5）获利能力（Roa）：以每年期末总资产报酬率表示。

（6）成长能力（Tagr）：以总资产增长率来衡量。

（7）高管人数（Manager）：通过企业高管人数反映管理层的结构和规模，衡量决策的科学性。

（8）技术水平重视程度（Tech）：以研发人员人数占总人数的比例来衡量。

具体变量定义见表5-1。

表5-1 **变量定义**

变量名称	变量符号	变量衡量
企业规模	Size	企业期末总资产的对数
产权性质	Soe	若企业为国有企业则取1，非国有企业则取0
股权集中度	Top1	第一大股东持有的股份占总股本的比例来衡量
偿债能力	Lev	以资产负债率表示，负债总额和资产总额的比
获利能力	Roa	以每年期末总资产报酬率表示
成长能力	Tagr	以总资产增长率来衡量
高管人数	Manager	企业高管人数
技术水平	Tech	研发人员人数和总人数的比

注：资料来源于本书整理。

5.3.3 模型构建

基于前文分析，在控制公司个体特征、年度因素的基础上，进一步利用金税三期工程政策在不同时间和地区实施的差异性，建立式（1）进行实证分析，以识别数字化税收征管对企业创新能力的影响。

$$Y_{i,t}=\partial_0+\partial_1 TAM_{i,t}+\sum Controls+\mu_m+\gamma_t+\varepsilon_{i,t} \tag{1}$$

i表示企业，t表示时间，ε表示随机扰动项，γ_t和μ_m分别表示时间固定效应和个体固定效应，（Y_i，t）表示企业创新能力。Controls为本书选取的控制变量合集，涵盖了企业的经济特征、治理结构以及财务状况等多个方面，有助于我们全面把握企业的个体特征。系数∂_1度量了金税三期工程实施的效果，若∂_1为正，表明数字化税收征管能够促进制造业企业创新能力；若∂_1为负，表明数字化税收征管能够抑制制造业企业创新能力。

5.4 实证结果

5.4.1 描述性统计

描述性统计结果见表5-2，总样本为18 041个，被解释变量研发投入强度均值为1.912，最大值为11.359，鉴于数据波动性较大，不同样本间创新能力表现出较大的差异性。因此，深入研究创新能力的影响因素，并据此探寻有效的应对策略，具有重要的现实意义和迫切性。其他控制变量的描述性统计结果与现有研究基本接近，进一步验证了本书研究的可靠性和有效性。这为我们进一步探讨数字化税收征管对企业创新能力的影响提供了有力的支持。

表5-2　　　　　　　　　　**变量描述性统计**

Variable	样本量	均值	标准差	最小值	最大值
RD	18 041	1.912	257.4	0	11.359
Lev	18 041	0.390	0.196	0.05	2.128
Tech	18 041	9.373	11.75	0.01	92.36
Manager	18 041	4.794	3.410	1	43
Tagr	18 041	0.190	0.503	-0.929	19.77
Top1	18 041	25.57	19.48	0.082	100
Soe	18 041	0.202	0.402	0	1
Roa	18 041	0.0592	0.0925	-3.994	0.812
Size	18 041	17.16	9.048	17.519	27.62

5.4.2　基准回归结果

表5-3结果显示，金税三期工程实施变量（TAM）的估计系数在1%的水平上显著为正，这表明金税三期工程的实施对企业创新能力的提升具有积极作用，与本书假设H1一致，数字化税收征管在微观治理层面发挥着显著作用。

表5-3　　　　　　　　　　**基准回归结果**

	RD
did	0.001^{***} (3.113)
Lev	-0.002^{**} (-2.455)
Tech	0.002^{***} (103.574)

续表

	RD
Manager	0.000*** (6.118)
Tagr	−0.002*** (−9.835)
Top1	0.000*** (5.651)
Soe	0.002*** (3.048)
Roa	−0.029*** (−22.787)
Size	0.002*** (8.134)
_cons	−0.037*** (−8.146)
N	18 041.000
r^2	0.702

注：括号中为t值，*、**和***分别表示在10%、5%、1%的水平下显著，下同。

5.4.3 平行趋势检验

使用双重差分法进行因果效应估计的前提是满足平行趋势假设，即处理组和控制组在政策实施之前需有共同变化趋势。为了保证双重差分的结果的有效性，本书在基准回归模型基础上，对处理组与控制组在金税三期工程实施前的平行趋势进行了验证。以TAM取1的第一年作为政策起始年，记为current，将政策实施后三年记为post_1、post_2、post_3，虚拟变量pre_3、pre_2分别代表在政策起始年之前两年。在其余控制变量与式（1）保持一致的情况下，以政策实施前一年为基准进行回归。如图5-2所示，在金税三期工程实施前两期，处理组和控制组企业的变化趋势不存在显著差异，在金税三期工程实施后，制造业企业的研发投入有较大提升，满足平行趋势假设的要求，再次验证了本书的假设H1。

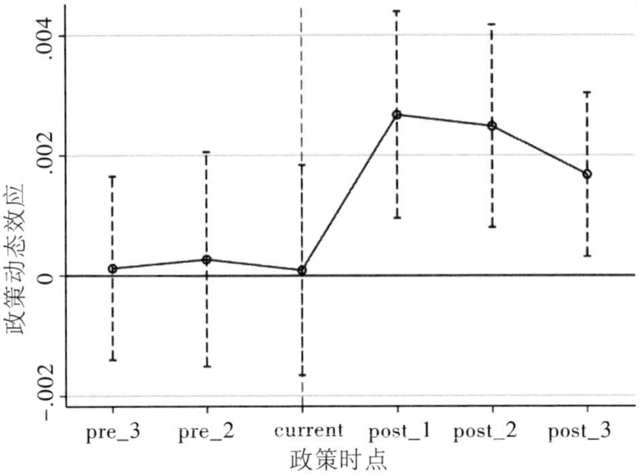

图5-2 平行趋势检验

5.4.4 安慰剂检验

为了排除其他因素对结果的干扰，参考（吴应龙等，2024）的方法，对交互项随机抽取500次实验，得到500个回归系数及其对应的p值，由图5-3可以看出，随机抽样得到的估计值绝大多数在横轴零点呈正态分布，排除了非政策因素对研究结果的影响，避免了研究对象因提前得知政策实施信号而产生的主观变化。通过了安慰剂检验，说明此前基准回归结果并不是偶然所得，验证了稳健性。

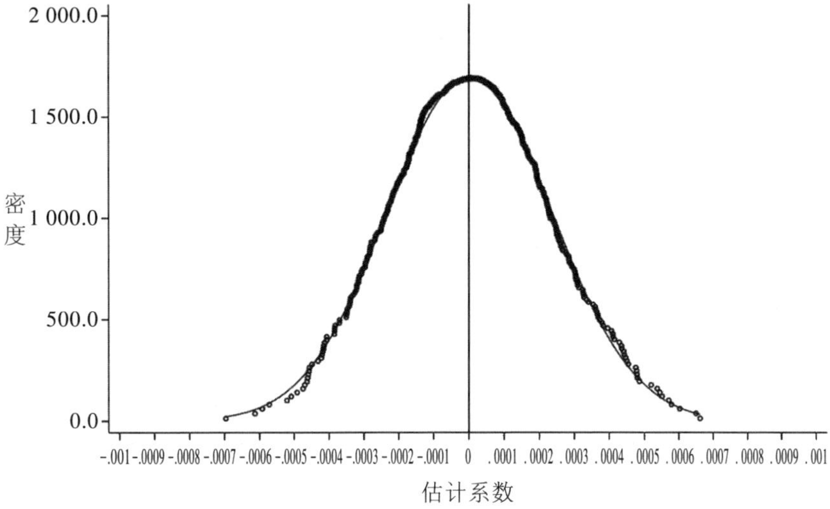

图5-3 安慰剂检验

5.4.5 稳健性检验

1）替换时间区间

本书选择的时间区间为2008—2022年，将数据样本改为2010—2020年，再次进行回归，表5-4（1）列报告了相关回归结果，这与基准回归结果一致。可见，替换时间区间并不会影响本书核心结论。

2）改变政策实施时间

在政策实际实施过程中，金税三期上线与使用之间会存在一定的时滞，即直接根据上线年份定义事件年度可能导致实验误差。为消除这一潜在误差，将金税三期上线的第二年作为事件年度，重新定义解释变量TAM进行回归，表5-4（2）列报告了相关回归结果与基准回归结果一致。虽然时滞可能导致政策效果在上线后的某个时间点才逐渐显现，但本书的研究重点在于评估金税三期工程对企业创新能力的长期影响。因此，即使我们考虑到时滞因素，金税三期工程对企业创新能力的整体趋势和影响方向仍应保持一致。另外，在本书的研究设计中，我们已经尽可能控制了其他潜在因素的影响，包括企业个体特征、年度等因素。这些控制变量的引入有助于我们更准确地识别金税三期工程对企业创新能力的净影响。因此，即使金税三期上线的时滞问题虽然在实际操作中可能存在，但经过仔细考虑和实证分析，我们认为这一问题并不会影响本书的核心结论。

3）剔除直辖市和计划单列市

直辖市和计划单列市具有更雄厚的经济实力，且在行政级别上具备更大的自主权，能够给予企业数字化转型更多支持。有学者研究发现直辖市政府的政策支持对企业数字化转型至关重要，能够显著促进企业采用数字化技术，降低转型难度和成本，推动企业创新发展（高正斌，2019）。为排除城市经济实力和行政级别对税收征管政策效果评估造成的影响，本书在原样本基础上剔除位于直辖市和计划单列市上市公司样本。表5-4（3）列呈现了剔除直辖市和计划单列市之后的回归结果，基准回归系数依然在1%的水平上显著，表明直辖市和计划单列市的政策倾斜不会对本书的核心结论造成影响，进一步验证了本书的假设H1。

表5-4　**稳健性检验结果**

	(1)	(2)	(3)
	RD	RD	RD
did	0.001***	0.002***	0.004***
	(2.753)	(3.155)	(3.009)
Lev	-0.001	-0.003***	-0.004***
	(-0.685)	(-2.741)	(-5.623)
Tech	0.002***	0.002***	0.000***
	(96.738)	(98.556)	(21.911)

续表

	(1)	(2)	(3)
	RD	RD	RD
Manager	0.000*** (4.342)	0.001*** (9.588)	0.000 (1.349)
Tagr	−0.002*** (−8.892)	−0.002*** (−11.140)	−0.001*** (−9.590)
Top1	0.000*** (2.720)	0.000*** (3.720)	0.000 (0.182)
Soe	0.002*** (3.216)	0.002*** (3.216)	0.002*** (3.417)
Roa	−0.028*** (−20.088)	−0.038*** (−22.602)	−0.016*** (−16.665)
Size	0.002*** (7.064)	0.004*** (12.760)	0.001*** (8.377)
_cons	−0.037*** (−6.887)	−0.073*** (−11.945)	0.006* (1.712)
N	18 041.000	18 041.000	13 517.000
r^2	0.712	0.571	0.088

5.5 机制检验

本书借鉴张玉明（2023）的方法，选取分析师预测误差作为中介变量进行机制检验。分析师通过对公司的财务状况、经营业绩等方面进行研究和预测，可以为投资者提供重要的信息和建议，帮助他们做出投资决策，因此分析师预测误差是衡量企业信息透明度的第三方常用指标。该指数评价体系可以客观地评估公司在内部控制和信息披露方面的表现，反映出公司的治理水平和信息披露透明度。如果信息透明效应存在，能够更好地吸引投资者和分析师的关注，更容易获取融资和资源支持，从而有更多的资金用于研发领域的投入。用符号Pe表示分析师预测误差，带入模型中进行回归，表5-5（3）列显示，分析师预测误差对企业研发投入的影响显著，验证了通过提高企业信息透明水平来影响企业研发投入的作用机制，与本书的假设H2一致。

表5-5 **机制检验**

	(1)	(2)	(3)
VARIABLES	RD	TAM	RD
TAM	0.002**		0.002**
	(0.001)		(0.001)
Pe		0.000***	0.000***
		(0.000)	(0.000)
Size	-0.002***	-0.002***	-0.002***
	(0.000)	(0.000)	(0.000)
Lev	-0.032***	-0.032***	-0.033***
	(0.002)	(0.002)	(0.002)
Tech	0.002***	0.002***	0.002***
	(0.000)	(0.000)	(0.000)
Manager	0.001***	0.001***	0.001***
	(0.000)	(0.000)	(0.000)
Tagr	-0.001	-0.000	-0.000
	(0.001)	(0.001)	(0.001)

续表

	(1)	(2)	(3)
VARIABLES	RD	TAM	RD
Top1	−0.000***	−0.000***	−0.000***
	(0.000)	(0.000)	(0.000)
Soe	−0.003***	−0.003***	−0.003***
	(0.001)	(0.001)	(0.001)
Roa	−0.081***	−0.078***	−0.078***
	(0.006)	(0.006)	(0.006)
YEAR	YES	YES	YES
INDUSTRY	YES	YES	YES
Constant	0.052***	0.047***	0.047***
	(0.011)	(0.011)	(0.011)
Observations	8 501	8 501	8 501
r^2	0.411	0.412	0.412

5.6 异质性分析

5.6.1 基于产权性质的异质性分析

我国基本经济制度是公有制为主体、多种所有制经济共同发展，这一制度是中国特色社会主义制度的重要支柱和市场经济体制的根基，既充分发挥了国有经济的优势，又充分调动和激发了非公有制经济的活力。政府关联理论认为，政府对其控制的企业既追求经济利益，也存在一定的政治利益索求。Dabla（2020）以47个国家的跨国数据为样本，发现政治关联公司能获得更多的银行贷款、更优惠的税率和更高的市场占有率。为了稳固这些利益索求及掌握控制权，政府补贴通过“激励效应”和“选择效应”更能促进国有企业实质性创新（陈西婵，2024）。进一步研究发现国有企业比非国有企业享受更多的税收优惠和商业信用融资机会，这意味着国有企业可以筹集到更多的资金用于研发投入，因此诚信纳税对国企研发投入的边际影响并不显著。市场竞争理论则揭示了企业在研发创新投入与所处行业的市场竞争程度密切相关，市场竞争压力不大时，企业往往缺乏加大研发投入的动力和意愿，相对而言，非国有企业因面临更激烈的市场竞争，倒逼企业进行研发创新（朱武祥等，2020）。有学者指出，受经济增长和税收收入的双重绩效考核压力，国有企业和集体企业流动受限，其他私营性质企业的流动性则更为灵活，再加之国有企业承担着更多的社会责任，研发投入受资金约束更为严重。此外，根据委托代理理论，在“政府掠夺之手”的影响下，国有企业面临更为突出的委托代理问题。这些问题不仅影响了企业的运营效率，也可能对研发创新活动产生制约。综合以上分析可知，产权性质将影响到税收征管与企业研发投入的关系（许敬轩等，2019）。回归结果见表5-6，相较于国有企业而言，税收征管力度对研发投入的影响在非国有企业中更显著。这背后可能涉及国有企业特有的政治背景，相较于非国有企业，国有企业因其与政府之间的紧密联系，更容易从政府单位获取财政支持，也承担着更重要的社会责任，如缓解就业压力、保障国家财政稳定等，通常能在经营管理上保持相对稳定的态势，相较于非国有企业而言，处于一个更为平稳的经营管理状态，而非国有企业为了保证市场竞争力，不得不投入更多的资金进行研发投入。

表 5-6 基于产权性质的异质性分析

	国有	非国有
	RD	RD
did	0.003 (0.043)	0.001*** (2.763)
Lev	-0.047 (-1.586)	-0.003*** (-3.599)
Tech	0.000 (0.489)	0.001*** (87.430)
Manager	-0.001 (-0.754)	0.000*** (7.014)
Tagr	0.003 (0.380)	-0.001*** (-7.845)
Top1	0.000 (.)	0.000*** (10.174)
Roa	0.001*** (2.704)	-0.022*** (-18.789)
Size	-0.037 (-0.843)	0.002*** (7.588)
_cons	-0.007 (-0.861)	-0.036*** (-8.146)
N	4 044.000	13 997.000
r^2	0.920	0.745

5.6.2 基于企业规模的异质性分析

本书将样本按照企业规模均值大小分为二等份。大规模企业相对于小规模企业在进行研发方面通常具有一些优势，可以帮助它们更好地推动创新和实施高效的研发活动。一方面，大规模企业通常拥有更多的资源和资金，能够投入更大规模的研发活动；另一方面，大规模企业通常拥有更完善的研发团队和机构，能够吸引更多高素质的研发人才。

如表5-7回归结果所示，数字化征管对大规模企业创新能力的影响更显著，由于其具有较长的品牌积淀，资金充足，研发投入经费对税收负担的挤出少。而小规模企业人员素质参差不齐、会计核算不健全、监管力度较弱，信息不对称问题更加严重，税收征管力度对企业研发投入的影响不显著。

表5-7　　**基于企业规模的异质性分析**

	规模小	规模大
	RD	RD
did	-0.001 (-0.890)	0.002*** (3.294)
Lev	-0.009*** (-3.575)	-0.013*** (-9.562)
Tech	0.003*** (24.204)	0.002*** (64.931)
Manager	0.000 (0.251)	0.001*** (5.702)
Tagr	-0.002* (-1.723)	-0.002*** (-3.751)
Top1	0.000 (0.483)	-0.000 (-1.176)

续表

	规模小	规模大
	RD	RD
Soe	-0.002 (-1.641)	-0.005*** (-7.479)
Roa	0.008 (0.960)	-0.021*** (-4.493)
_cons	0.006*** (4.141)	0.011*** (10.725)
N	9 020.000	9 021.000
r^2	0.777	0.677

5.6.3 基于企业成长性的异质性分析

企业成长性也会影响企业创新能力。依据成长性（Tager）指标，按照二分法进行回归，由表5-8可得，税收数字化征管对创新能力的影响在高成长性的企业中更显著。这类企业倾向于积极捕捉市场机遇，其经营表现往往较为出色，因此能将更多的资金和资源投入到研发活动中。同时，对于潜在的投资者而言，高资产增长率通常被视为企业稳健发展的标志，这有助于企业吸引投资，从而为企业提供资金以支持研发创新和持续发展。

表5-8 **基于企业成长性的异质性分析**

	低成长性	高成长性
	RD	RD
did	-0.004 (-0.201)	0.002*** (4.602)

续表

	低成长性	高成长性
	RD	RD
Lev	-0.004 (-0.561)	-0.015*** (-16.384)
Tech	0.001*** (5.898)	0.002*** (164.795)
Manager	-0.001* (-1.865)	0.000*** (5.541)
Top1	-0.000 (-0.246)	-0.000*** (-2.997)
Soe	0.003 (0.771)	-0.004*** (-12.491)
Roa	-0.047*** (-6.491)	-0.023*** (-13.491)
Size	0.001 (0.400)	0.001*** (5.916)
_cons	0.998*** (22.355)	-0.003 (-1.223)
N	9 020.000	9 021.000
r^2	0.016	0.636

5.6.4 基于城乡差异的异质性分析

城乡差异也会影响税收征管水平和创新能力。邓靖（2018）采用经济福利指数分析方法，从沿海-内陆地区、市区-县两个视角就中国城乡居民经济福利水平的差异性进行实证研究，研究发现，沿海地区居民和市区居民有较高的福利水平，甚至在某些区域差距不断扩大。有学者认为，城市在城镇化水平、产业结构升级、教育发展水平、经济开放度、人口增长水平、科技发展水平强于农村，地方政府为吸引流动性生产要素，往往给予城市更多政策倾斜和资金扶持（姜文秀，2024）。本书将样本根据所在行政位置，划分为农村和非农村地区，再次进行回归，结果见表5-9，在非农村地区，"金税三期"的实施对制造业企业创新能力的影响更显著。

表5-9 **基于城乡的异质性分析**

	农村	非农村
	RD	RD
did	-0.000 (-0.006)	0.007** (2.533)
Lev	0.013 (0.832)	-0.016*** (-12.088)
Tech	0.001*** (2.881)	0.001*** (27.279)
Manager	0.002** (2.092)	0.000 (1.603)
Tagr	-0.008*** (-2.701)	-0.003*** (-11.501)
Soe	0.000 (0.020)	0.002*** (2.820)
Top1	-0.000 (-0.472)	0.000*** (2.657)
Roa	-0.048** (-2.557)	-0.051*** (-29.525)

续表

	农村	非农村
	RD	RD
Size	-0.020*** (-4.886)	0.001*** (2.678)
_cons	0.468*** (5.467)	0.008 (1.022)
N	9 020.000	9 021.000
r^2	0.115	0.165

5.7 研究结论与政策建议

中国经济正处于转型升级的关键时期，制造业企业从传统的低成本生产向更加注重创新驱动发展转变，这是推动经济持续增长和成功跨越中等收入陷阱的关键之举。创新型制造业是实现制造业企业转型升级的重要驱动力，不仅可以提升产品附加值，还能够提高整体产业竞争力，带动经济结构优化升级，培育新质生产力。本书以2008—2022年沪深两市A股制造业上市的18 041条数据，研究了数字化征管对制造业企业创新能力的影响效果及机制。主要结论有：数字化征管能显著增强制造业企业创新能力，且通过了一系列稳健性检验；机制检验表明，税收征管力度通过信息透明效应对企业研发投入施加影响；异质性分析表明，税收征管数字化对研发投入的影响在非国有企业、规模大、高成长性、非农村地区的企业中更加显著。基于此，本书提出以下政策建议：

5.7.1 研究结论

本书以2008—2022年沪深A股制造业上市企业的18 041条数据，研究了税收征管数字化对制造业企业创新能力的影响效果及作用机制。在此基础上，针对产权性质、企业规模、成长性、城乡差异进行异质性分析。同时，引入中介变量信息透明度进行机制检验。最后，进行稳健性检验。本书的主要结论如下：

（1）税收征管数字化能显著增强制造业企业创新能力，并通过信息透明度这一中介发挥作用。在税收征管数字化背景下，税务数据的透明化使得企业的财务状况和经营状况更加清晰。这不仅增强了企业的公信力，还提高了外部分析师对企业未来发展潜力的准确预测。税收征管数字化提升了企业的透明度，透明度高的企业更易获得股权和债权融资支持，还使得企业能够更好地满足投资者和分析师的期望，从而获得更多的研发资金，增强了企业的创新能力。

（2）税收征管数字化对制造业企业创新能力的促进效应具有异质性。本书在检验税收征管数字化对制造业企业创新能力的影响时，引入相关变量进行异质性分析，得出结论：税收征管数字化对制造业企业创新能力的促进作用会因产权性质、企业规模、成长性、城乡差异的不同表现出显著的异质性。具体来说：第一，相较于国有企业而言，税收征管力度对研发投入的影响在非国有企业中更显著。国有企业承担着更重要的社会责任，如保持经济稳定、提供就业岗位等，非国有企业主要以营利为目的，趋利性较强，为了保证市场竞争力，不得不投入更多的资金进行研发投入。第二，在其他条件不变的情况下，税收征管数字化对大规模企业创新能力的影响更显著。由于其具有较长的品牌积淀，资金充足，研发投入经费对税收负担的挤出少，而小规模企业人员素质参差不齐、会计核算不健全，信息不对称问题更加严重，税收征管力度对企业创新能力的影响不显著。第三，税收征管数字化对创新能力的影响在高成长性的企业中更显著。这类企业倾向于积极捕捉市场机遇，其经营表现往往较为出色，因此能将更多的资金和资源投入到研发活动中。第四，在非农村地区，“金税三期”的实施对制造业企业创新能力的影响更显著。这是因为政府为吸引流动性生产要素，往往给予城市更多政策倾斜和资金扶持。

5.7.2 政策建议

中国经济正处于转型升级的关键时期，制造业企业从传统的低成本生产向更加注重创新驱动发展转变。在这一过程中，发挥外部政策的治理效应促进创新显得尤为重要，这不仅是推动企业转型升级的核心动力，也是提升产业整体竞争力、加速经济高质量发展的关键。基于此，本书提出以下政策建议：

1）加大税收征管数字化强度

第4章基础回归分析和中介机制检验证明，税收征管数字化能显著增强制造业企业创新能力，因此，政府应进一步加大税收征管数字化力度，构建“技术赋能+精准监管”的数字化治理体系，促进制造业企业创新能力的提升。具体可以从以下方面着手：

（1）深化数字技术的场景化应用

构建全生命周期风险预警系统，依托金税四期的数据整合能力（如银行流水、供应链据、知识产权登记），开发制造业企业创新行为动态监测模型。针对研发费用归集、技术转让定价等高风险领域，运用机器学习算法识别异常模式（如研发人员薪酬占比突降、专利授权量与研发投入背离），实现“无风险不打扰、低风险预提醒、高风险严稽查”的分级监管。同时，试点区块链电子凭证管理系统，参照韩国“区块链税收激励计划”经验，在长三角、粤港澳大湾区等先进制造业集群。

（2）跨部门数据共享与协同治理

建立“财税-科技-产业”数据融合平台，打通税务、科技部、工信部等12个部门的数据接口，构建企业创新画像系统。整合研发项目备案、专利引用、市场转化等30项指标，形成创新信用评分（0~100分），作为差异化监管依据。对评分前20%的企业实行“绿色通道”备案制，对后10%启动专项稽查（借鉴德国“创新灯塔计划”）。同时，推动区域间税收征管协作，针对跨区域研发联盟（如京津冀智能制造联合体），制定《协同创新税收管辖权分配规则》，明确税收分成比例与争议解决机制。例如，对联合实验室产生的收益，按各成员企业研发投入占比分配应税收入，避免重复征税抑制协同创新。

（3）优化税收征管技术工具包

开发“一键式”税务合规辅助系统，为制造业企业提供标准化数据接口，自动生成研发费用归集表、加计扣除申报模板等文档，将合规成本降低40%以上。系统内置行业风险案例库（如生物医药企业临床试验费用核算规则），通过情景模拟提升企业自主合规能力。基于企业ERP系统构建虚拟税务模型，实时模拟不同创新决策的税收影响（如技术入股、跨境研发外包）。企业可通过参数调整预判政策效果，减少试错成本。

2）对中小企业实施包容化监管

实证结果表明，税收征管数字化对制造业企业创新能力的影响具有异质性。大规模企业因品牌积累和资金支持，研发投入资金不易受税收负担影响。而小规模企业由于人员素质差异、会计核算不完善和信息不对称，税收征管的加强对其研发投入影响较小。

（1）构建分类梯度执法体系

大型企业实行“数据穿透式”监管，开发产业链数字孪生系统，实时采集供应商协同平台、工业互联网数据流。同时，建立集团式纳税人“税务数字画像”，自动识别关联交易定价异常波动。

小微企业实行“培育型”执法模式，推行“智能申报辅导员”制度，AI系统自动识别会计凭证缺失项，生成合规指引；建立“成长性信用银行”，将电子发票使用率、申报及时性等数据转化为可累积的信用积分。

（2）根治中小企业监管歧视问题

制定《中小企业税收稽查负面清单》，明确禁止对小规模企业采取“一刀切”式稽查（如强制要求年营收500万元以下企业每月报送研发明细）。对轻微违规行为（如研发费用分类错误率<5%），优先采用“约谈整改”替代行政处罚（魏下海等，2015）。同时，设立“中小企业税收权益保障中心”，开通全国统一的12366维权专线，对索贿、重复检查等行为实施“一键举报48小时响应”机制。建立执法人员信用档案，将投诉记录与晋升考核直接挂钩。

（3）强化执法透明化与社会监督

推行“阳光稽查”信息公开制度，在税务总局官网公示制造业企业稽查案例，详细列明违规事实、法律依据与处罚标准。开发“执法公平性指数”监测平台，实时展示各地区中小企业与大企业稽查频次、罚款比例等对比数据。同时，引入第三方合规评估机构，授权会计师事务所、法律事务所对执法程序进行独立审计，重点核查选择性执法、自由裁量权滥用等问题。评估结果纳入地方政府营商环境考核体系。

3）基于企业成长周期构建差异化税收征管体系

上文研究发现，在不同成长性的企业中，税收征管数字化对制造业企业创新能力的影响存在差异。该政策效应在成长性水平较高的企业群体中呈现更显著的特征，这类企业通常展现出更强的市场机遇捕捉能力，其优异的运营绩效为研发活动提供了充足的内部资源保障。更为重要的是，高成长性企业往往通过持续的资产规模扩张向资本市场传递积极信号，这种价值增长的外显效应能够有效增强投资者信心，进而为企业构建“创新投入—价值提升—资本青睐”良性循环机制。因此，本书基于成长性角度提出以下建议：

（1）初创期企业“智能豁免+负面清单”机制。实施数字化资格自动核验，对成立未满3年且研发强度超10%的制造业企业，通过税务系统与市场监管数据实时比对，自动触发豁免程序；同时，引入创新研发追溯管理系统，运用区块链技术建立研发费用电子台账，允许亏损结转年限延长至10年。

（2）成长期企业“动态信用+精准扶持”模式。构建成长性指数评价模型，整合纳税数据、专利产出、市场占有率等15项指标，对高成长性企业授予A类动态信用标识；同时，推行增值税留抵退税“白名单”制度：对连续两年成长指数超行业均值30%的企业，实行退税资金48小时内直达账户。

（3）成熟期企业“数据互联+价值引导”机制。打造集团式税收数据中台，实现跨区域生产基地、研发中心、销售网络的税务数据自动归集与智能分摊；实行创新投入强度对赌机制，对研发投入增速超营收增速5%以上的企业，给予企业所得税减免梯度优惠。

6

总结与展望

本书以数字经济对税收征管的系统性影响为研究主线，重点探讨了增值税、企业所得税和个人所得税在数字经济活动中的适用性问题，揭示出传统税制与数字经济特征的深度冲突。数字经济的无边界性、收入隐匿性以及交易虚拟化特征，动摇了传统税收规则的基础框架，导致税基划分模糊、收入确认滞后和征管手段失灵的突出问题。研究指出，由于数字服务提供者无须物理存在即可参与市场，数据流动和用户价值创造逐渐取代传统生产要素，使得征税权分配规则和税收利益分配机制面临重构压力。与此同时，数字技术的快速发展也为税收征管提供了新工具，区块链、大数据和人工智能的应用正在推动征管模式从人工稽查向智能风控转型。

6.1 数字经济背景下其他税种的征管问题及优化对策

6.1.1 其他消费领域的税收征管问题

在关注主体税种之外，其他税种在数字经济背景下的征管问题同样值得重视。消费税的征收范围因数字产品的普及面临界定难题。数字化商品与实体商品的本质差异尚未在税收制度中得到充分体现，例如虚拟服务、在线课程等内容型消费是否应当纳入消费税应税范畴，现行法规缺乏清晰界定，导致实践中存在大量逃税或重复征税现象。

解决这一问题需要从税基本质出发，重新定义“消费行为”的边界，将数字消费纳入统一征税体系，并通过技术手段实现交易流程的全程可追溯。针对跨境数字服务的税收管辖权冲突，传统常设机构原则已难以适应数字经济特征，企业通过云端服务器远程提供服务时，用户所在国的征税权主张往往被弱化。亟需在国际税收协定中引入新的联结度标准，综合考虑用户规模、数据存储量或数字服务接受地的经济贡献，构建更加公平的税收权益分配机制。

6.1.2 环境资源领域的税收征管问题

在环境与资源领域，数字经济发展的隐性成本尚未被充分纳入税收考量。数据中心运营、算力提供等新型经济活动伴随着大量能源消耗和碳排放，但现行税制尚未明确此类数字化生产活动的应税标准。部分国家尝试将服务器能耗纳入资源税范畴，却因企业跨境转移数据中心而难以有效执行。建议加强区域性税收协作，建立统一的数字资源消耗计量标准，通过智能电表等物联网设备实时监控高耗能数字基础设施的能源使用数据，以此作为征税依据。对于依赖算力挖矿的数字资产领域，需建立全球监管网络，打击利用监管真空地带逃避能源税的行为，推动数字产业绿色发展。

现行国际税法体系在应对数字资源消耗课税方面存在双重失灵。首先，传统资源税以有形资源（如矿产、能源）开采为课税对象，而数据中心运营中的“数字资源消耗”（电力、带宽、算力）未被纳入应税范畴。跨国企业利用各国税制差异，通过选择性配置算力基础设施规避税收（例如将高耗能服务器迁移至未开征数字资源税的司法管辖区）。其次，数字经济特有的价值创造模式（如用户参与数据生成）挑战了以“物理存在”为核心的税收联结度规则。即便部分国家尝试引入“数字服务税”（DST），但因缺乏多边协调机制而引发贸易报复（如欧美数字税争端），反令环境成本归属问题更加复杂。

为破解上述困境，需在国际税收治理中嵌入环境成本内部化机制。首先，在OECD双支柱方案中补充“环境足迹因子”，将服务器能耗、碳排放等数据作为利润分配调整参数。例如，根据数据中心所在国的实际电力消耗占比（如清洁能源使用率），动态调整跨国企业的应税利润分配权重。其次，参考联合国《数字化税收协定范本》，将“实质性数字存在”与环境影响挂钩，对年耗电量超过阈值的跨国数字企业自动构成税收联结（无论是否设有物理实体）。最后，强化非合作管辖区约束。将数字资源税征管纳入欧盟“税收不合作管辖区名单”评估指标，对拒绝参与多边环境税改革的国家实施联合反制（如加征平衡税或限制数据跨境流动）。在国际货币基金组织（IMF）的“碳税政策工具箱”中嵌入数字资源税监管模块，通过债务减免优惠激励发展中国家参与全球治理。

6.2 数字经济下的国际税收多边协调困境与优化

6.2.1 数字经济下的国际税收多边协调困境

1）多边税收征管协作的交易成本困境

多边联合审计机制的演化面临制度性交易成本制约：一方面，主权国家间的数据本地化规制引发负外部性，跨境信息共享需求与数据主权保护目标产生非合作博弈均衡；另一方面，技术标准兼容性不足导致跨国审计活动的协调成本上升，形成数字化转型中的制度摩擦。尽管审计协同可实现反避税领域的规模经济效应，但路径依赖下的技术锁定效应与制度惯性仍阻碍帕累托改进的实现。

2）争议调解机制的技术中性悖论

自动化争议解决系统的应用揭示技术工具与制度环境之间的动态冲突。从信息经济学视角，算法的信息黑箱属性加剧了纳税人与税务机关之间的信息不对称，削弱贝叶斯博弈中的信任机制。在机制设计层面，数据存储架构的第三方依赖构成不完全契约条件下的敲竹杠风险，反映出现行国际税收治理体系对特定技术标准的制度俘获现象。智能化工具的边际效益提升受制于算法透明度缺失与主权让渡成本的权衡。

3）数字经济税源识别的监管套利空间

现行信息交换规则面临双重市场失灵：分布式账本技术的匿名特征助长加密资产交易的税基侵蚀效应，形成监管盲区的外部性扩散；零工经济平台的交易定价模糊化引发税源归属争议，造成收入识别机制的道德风险。这表明全球税收治理体系在应对数字交易弹性化与资产形态虚拟化方面存在制度供给滞后，亟需通过科斯定理视角重构产权配置规则。

6.2.2 多边治理优化路径

1）产权界定与收益分配机制

依据数字经济价值创造理论，应建立基于用户数据要素贡献度的剩余索取权配置模型，替代传统联结度规则的产权归属逻辑。通过设立具有强制履约机制的常设仲裁机构，破解税收争议中的霍布斯陷阱，降低跨境征管的不确定性成本。

2）数据要素市场的治理契约重构

运用不完全契约理论范式，创新“数据治理权分割”机制：借助隐私保护技术实现数据实际控制权与法律所有权的分离均衡，在保留本地数据支配权前提下实现跨境审计的准公共物品供给。该模式通过规避奥茨分权悖论，平衡数据要素跨境流动的规模效益与主权成本。

3）税制改革的动态一致性设计

针对国际税改方案的阶段性实施特征，引入适应性预期理论构建过渡期政策工具。允许发展中国家在满足激励相容约束条件下，实施税率与税基弹性联动的竞争性课税策略，通过税收政策工具包的跨期优化实现税制转换的平滑过渡。

因此，国际税收治理的多边协调本质上是主权国家在非对称信息条件下进行的重复动态博弈。通过构建包含技术标准互认、争端解决激励相容及税权配置可置信承诺的包容性制度框架，可促进行动者策略空间收敛于合作均衡，最终实现全球税收治理的纳什效率改进。

6.3　未来税收治理的数字化生态展望

面向未来，税收治理体系将逐步演化为技术、制度和治理理念协同创新的生态系统。技术层面，随着区块链技术的成熟和数字身份认证体系的完善，税收征管有望实现全链条自动化。通过将税务系统与商业平台、支付机构的数据端口深度对接，形成实时动态的税源监控网络，彻底消除交易数据的采集盲区。制度创新需要从规则适配性改革着手，针对元宇宙、Web3.0等新型数字空间，探索虚拟资产交易征税规则，建立覆盖数字劳动、数据要素和算法服务的全口径征税框架。特别是在数字人民币普及的背景下，可基于智能合约技术研发可控的税款代扣系统，在交易完成瞬间完成税收清算，大幅提升征管效率。

全球税收治理格局的演变将深刻影响数字经济时代的税收秩序。跨国平台的利润分配争议和数据主权的税收化趋势，要求国际社会尽快形成统一的数字税收治理共识。通过建立多边合作机制，明确数据跨境流动的税收处理规则，平衡来源国与居民国的利益诉求，避免单边数字服务税引发的贸易争端。在此过程中，需特别注意防止技术垄断企业对税收规则的操控，确保数字税制的公平性与普惠性。对于新型数字资产如NFT、加密货币的征税问题，各国需协同制定估值方法和征税时点判定标准，防范税收套利行为。

学术研究层面，未来亟待突破的领域包括数字税基的精准量化模型、智能征管算法的伦理约束机制以及数字税收的再分配效应分析。

当前的征管技术研究多聚焦于工具创新，但对数字化征税可能加剧的“算法歧视”或“数据鸿沟”问题缺乏深度探讨。例如，自动化税收风险评估模型若过度依赖历史数据，可能对新兴商业模式或弱势纳税人群体形成系统性偏见。这要求学界在追求技术效率的同时，更关注税收正义的价值导向，探索人机协同的智慧征管模式。此外，需加强数字税收与宏观经济政策的关联性研究，尤其是税收杠杆对数字创新的激励边界、数字税制对收入分配的调节效能等议题，将为政策制定提供关键理论支撑。

数字经济的持续进化将加速税收治理从“规则执行”向“生态共建”转型。税收制度不再仅仅是经济行为的调节工具，而需要深度融入数字文明的价值重构进程。在这一转化中，税务部门需提升数字治理能力，企业需构建合规化的数据管理体系，纳税人需增强数字税收意识，三方协同方能构建可持续发展的税收生态。可以预见，未来的税收治理将呈现动态适应、智能响应和全球协作的特征，在平衡效率与公平、秩序与创新的张力中，逐步演化出契合数字文明核心逻辑的新型税收范式。

参考文献

[1] 许宪春，刘尚希，马海涛，等，中国数字经济税收发展报告（2023）［M］. 北京：社会科学文献出版社，2023：381-405.

[2] 蔡昌，李为人，付广军，等. 中国数字经济税收发展报告（2022）［M］. 北京：社会科学文献出版社，2022.

[3] 中国政府网. 中共中央国务院印发《数字中国建设整体布局规划》.（2023-02-27）［2024-03-30］，https：//www. gov. cn/xinwen/2023-02/27/content_5743484.htm.

[4] 王卫军，朱长胜. 应对数字经济的挑战：从生产增值税到消费生产税［J］. 税务研究，2020（12）：61-67.

[5] 高凤勤，夏鹏. 数字经济下跨境数字交易增值税征管的 与应对［J］. 山东社会科学，2022（12）：134-139.

[6] 王丽娜. 数字经济下税收征管数字化转型的机遇与挑战［J］. 国际税收，2021（12）：65-70.

[7] 陈志勇，王希瑞，刘畅. 数字经济下税收治理的演化趋势与模式再造［J］. 税务研究，2022（7）：57-63.

[8] 李平. 数字经济下新商业模式的税收治理探析［J］. 国际税收，2018（5）：16-19.

［9］ 李香菊，付昭煜. 数字新经济模式的税收治理：逻辑起点、现实挑战与前瞻思考［J］. 经济体制改革，2024（4）：5-13.

［10］ 湖北省国际税收研究会，武汉市国际税收研究会课题组. 税收促进我国数字经济发展的国际经验与借鉴［J］. 税务研究，2021（1）：89-96.

［11］ 袁娇，陆扬帆，宋枝屹. 税收征管模式的历史演进与现代化前瞻［J］. 国际税收，2024（10）：64-74.

［12］ 刘和祥，李欣，张纪宇. 税收征管数字化转型实践的国际比较及借鉴［J］. 税务研究，2023（6）：84-90.

［13］ 宫廷. 我国跨境b2c数字化服务增值税管辖权规则的检思与建构［J］. 国际税收，2019（10）：41-49.

［14］ 王曙光，郭田田. 新时期增值税征管现代化的问题及对策研究［J］. 商业经济，2022（1）：169-171.

［15］ 陈友伦. 应对经济数字化税收挑战的解决方案探析［J］. 国际税收，2023（8）：64-68.

［16］ 李平. OECD成员国增值税发展趋势及借鉴［J］. 国际税收，2022（1）：59-65.

［17］ 翁武耀. 应对数字经济的增值税法完善［J］. 法学家，2024（2）：113-129；194-195.

［18］ 宫廷，郭益男. 全球主要国家增值税制度发展动态与趋势展望［J］. 国际税收，2024（7）：22-30.

［19］ 李林木，蔡欣荣，李振宇. 数智时代我国增值税制度和征管的优化［J］. 税务研究，2024（12）：26-33.

［20］ 陈琍，王婷婷，罗振策. 跨境数字交易增值税制度之国际经验借鉴［J］. 国际税收，2019（2）：31-35.

［21］ 陈勃. 跨境数字交易增值税制度国际实践、共性分析及启示［J］. 财政科学，2021（1）：137-143.

［22］ 郭晓宁. 数字经济下跨境贸易中的增值税改革研究［J］. 现代商业，2023（3）：189-192.

[23] 魏仲瑜，李娜. 治理税收流失：欧盟改革增值税征管机制的重要动因 [J]. 国际税收，2018（3）：6-11.

[24] 梁燕娟. 跨境数字交易增值税监管的国际经验借鉴 [J]. 财会通讯，2023（19）：143-148.

[25] 魏升民，梁若莲. EPPO防范和打击增值税欺诈的有益做法及对我国的启示 [J]. 国际税收，2024（9）：64-72.

[26] 宫廷. 增值税制度中的经营机构概念：立法模式与优化路径 [J]. 税务研究，2022（8）：70-75.

[27] 胡天龙. 增值税历史沿革与改革动向——基于国际实践和国内发展的研究 [J]. 国际税收，2021（3）：3-10.

[28] 崔虹. 拨开迷雾：数字经济下税收管辖分配规则三重挑战的应对 [J]. 国际经济法学刊，2020（4）：87-101.

[29] 龚振中，孙文峰. 基于消费地原则的增值税课征模式比较及选择 [J]. 税务研究，2017（7）：25-30.

[30] 施正文，刘林锋. 论数字平台的税收征管义务 [J]. 国际税收，2024（4）：10-24.

[31] 岳树民，谢思董，白林. 适配数字经济发展的税制结构优化 [J]. 国际税收，2024（4）：3-9.

[32] 孙正，闵庆汉，朱学易. 数据课税的理论、逻辑与中国方案 [J]. 税务研究，2023（1）：56-62.

[33] 邓伟. 数据课税理论与制度选择 [J]. 税务研究，2021（1）：47-53.

[34] 王竞达，刘东，付家成. 数据资产的课税难点与解决路径探讨 [J]. 税务研究，2021（11）：68-73.

[35] 柳东梅. 数字经济背景下的企业所得税与增值税税制优化 [J]. 财会月刊，2024，45（13）：110-114.

[36] 吴小勉，王小芳. 基于地区均衡发展的数字经济下企业所得税税收与税源背离问题研究 [J]. 投资与合作，2023（10）：77-80.

[37] 彭帆，陈惠芳，蔡耿英. 数字经济背景下企业所得税征管问题研究 [J].

中国集体经济，2022（25）：89-91.
[38] 高金平．OECD“双支柱”改革方案之国内应对［J］．国际税收，2020（12）：32-36.
[39] 杨杨，雷正，杨晓倩．数字经济下企业所得税面临的挑战及解决路径——基于国际比较视角［J］．会计之友，2018（7）：73-79.
[40] 孙媛媛．地区数字经济下的企业所得税税收问题［N］．财会信报，2024-04-22（6）.
[41] 缑长艳，唐晓旺．双支柱方案下的我国企业所得税改革：契机、压力及应对［J］．税务研究，2023（6）：33-37.
[42] 陈鑫，刘生旺．数字经济对地区间企业所得税分配格局的影响——基于制造业不同分配方案的比较［J］．当代财经，2023（2）：28-42.
[43] 徐建斌，彭瑞娟．企业所得税优惠政策对数字经济企业研发投入的激励效应研究［J］．税务研究，2022（7）：70-75.
[44] 石媛媛．论我国经济数字化的税收应对——基于企业所得税视角［J］．税务研究，2020（3）：108-111.
[45] 肖育才，廖露．数字经济、税收征管效率及税收增长［J］．税收经济研究，2024，29（4）.
[46] 席卫群，杨青瑜．产业数字化对地区税收收入的影响研究［J］．当代财经，2024（1）：46-58.
[47] 马海涛，郝晓婧．现代化经济体系建设与税制改革［J］．税务研究，2018（2）：5-11.
[48] 蒋轶彪，张习列，刘晓，等．优化平台经济税收治理的思考——基于青海省海东市数字经济业态的调研［J］．税务研究，2024（11）：75-80.
[49] 蒋震．数字经济税收制度变革与创新的内在逻辑——以社会化生产为视角［J］．税收经济研究，2024，29（6）：1-6.
[50] 樊轶侠，段可仪．数字经济影响区域间税收鸿沟的机制分析与效应检验［J］．中央财经大学学报，2024（6）：25-38.
[51] 廖韫琪，席卫群．助推中国式现代化的新一轮税制改革研究［J/OL］．当

代财经，[2025-01-13]. https://doi.org/10.13676/j.cnki.cn36-1030/f.20250113.002.

[52] 谷成，史心旭. 应对数字经济发展的税制改革取向 [J]. 地方财政研究，2022 (11)：10-16.

[53] 欧阳天健，杨叶凡. 平台经济下个人所得税属性界定的类型化路径 [J]. 地方财政研究，2024 (7)：89-101.

[54] 李永海，王怡婷. 数字经济对税收结构的影响：理论机制与实证检验 [J]. 税收经济研究，2023 (5).

[55] 范源源，李建军. 数字赋能：大数据发展的治税效应 [J]. 经济管理，2024，46 (12)：38-59.

[56] 许文. 分步构建面向数字经济的友好型税收体系 [J]. 国际税收，2024 (4)：25-31.

[57] 胡耘通，袁其梦. 数字经济背景下税收征管实践、挑战及其完善 [J]. 地方财政研究，2021 (4)：22-29.

[58] 张斌. "综合与分类相结合"的个人所得税征管机制研究 [J]. 涉外税务，2011 (9)：18-21.

[59] 李勇. 从典型涉税案例看个税纳税筹划风险 [J]. 中国注册会计师，2022 (6)：120-122.

[60] 杨海涛，刘智勇，崔佳慧. 数字政府建设背景下税收协同共治的数字化转型：意蕴、困境与路径 [J]. 国际税收，2025 (1)：74-80.

[61] 杨同宇. 论政府部门涉税信息共享中的个人信息保护 [J]. 中国法律评论，2024 (5)：212-226.

[62] 杨旭东，王艺颖. 税收征管改革中纳税信用管理体系的完善 [J]. 税务研究，2024 (4)：134-138.

[63] 张志强，韩凤芹. 大数据税收征管对企业税收遵从度的影响研究 [J]. 审计与经济研究，2023，38 (5)：86-96.

[64] 谭建淋. 新一轮财税体制改革背景下税收法治建设研究 [J]. 会计之友，2024 (5)：100-107.

[65] 魏志华，王孝华，蔡伟毅. 税收征管数字化与企业内部薪酬差距［J］. 中国工业经济，2022（3）：152-170.
[66] 闫华红，李晓艳，刘静. 税收征管数字化升级对企业风险承担水平的影响研究［J］. 财政研究，2022（9）：89-103.
[67] 陈怡欣，池赋炜，林奕皓. 税收征管数字化与企业慈善捐赠——基于金税三期工程的准自然实验［J］. 财经论丛，2023（11）：25-35.
[68] 刘慧龙，张玲玲，谢婧. 税收征管数字化升级与企业关联交易治理［J］. 管理世界，2022，38（6）：158-176.
[69] 刘同洲，李万甫. 基于数据增值的税收征管数字化转型路径研究［J］. 财政研究，2022（4）：119-129.
[70] 李彬，郑雯，马晨. 税收征管对企业研发投入的影响——抑制还是激励?［J］. 经济管理，2017，39（4）：20-36.
[71] 杜剑，江美玲，杨杨. 税收激励对企业价值的影响——基于研发绩效的中介效应［J］. 江南大学学报（人文社会科学版），2021，20（5）：58-71.
[72] 赖妍，王长伟，王也方. 税收征管对企业ESG表现的影响研究［J］. 会计之友，2023，（18）：45-53.
[73] 庞雨蒙，张建波. 柔性税收征管与企业数字化转型——基于纳税信用评级披露的准自然实验［J］. 当代财经，2024（4）：30-43.
[74] 孙雪娇，翟淑萍，于苏. 大数据税收征管如何影响企业盈余管理？——基于“金税三期”准自然实验的证据［J］. 会计研究，2021（1）：67-81.
[75] 高正斌，张开志，倪志良. 财政压力、税收征管与企业税收负担［J］. 现代经济探讨，2019（4）：37-47.
[76] 张玉明，刘晗，李双，等. 数字化税收征管与企业研发操纵行为——基于金税三期工程的准自然实验［J］. 外国经济与管理，2023，45（8）：3-16.
[77] 陈西婵，陈艳，罗正英，等. 营商环境、研发补贴与国有企业实质性创

新［J］. 科研管理，2024，45（2）：155-164.

［78］ 林志帆，王茂森. 国地税合并对企业税负粘性的影响研究［J］. 财政研究，2023（1）：54-70.

［79］ 魏下海，李胡建. 数字经济发展是否促进社会代际流动？［J］. 系统工程理论与实践，2024，44（1）：85-101.

［80］ Desai M A，Dharmapala D. Tax and Corporate Governance：An Economic Approach［J］. SSRN Electronic Journal，2007，3：13-30.

［81］ Kamasa K，Adu G，Oteng-Abayie E F. Firm Productivity in Sub—Saharan Africa：How Rrelevant Is Quality of Tax Administration？［J］. African Journal of Economic and Management Studies，2020，11（1）：75-90.

［82］ Dabla-Norris E，Misch F，Cleary D，et al. The Quality of Tax Administration and Firm Performance：Evidence from Developing Countries［J］. International Tax and Public Finance，2020，27（3）：514-551.

［83］ Cavenaile L，Roldan-Blanco P. Advertising，Innovation，and Economic Growth［J］. American Economic Journal：Macroeconomics，2021，13（3）：251-303.

索引